Die österreichische Kinderbibliothek

Christine Nöstlinger, geb. 1936, lebte in Wien.
Sie veröffentlichte Gedichte, Romane,
Kinder- und Jugendbücher.
Für ihr Gesamtwerk wurde sie mit der
Hans-Christian-Andersen-Medaille,
dem Österreichischen Würdigungspreis
für Kinder- und Jugendliteratur und dem
Astrid-Lindgren-Gedächtnispreis ausgezeichnet.
„Der Hund kommt" erhielt den
Österreichischen Staatspreis.

Pädagogische Arbeitsblätter zu diesem Titel downloadbar auf

www.obelisk-verlag.at

Christine Nöstlinger

Ein Hund kommt in die Schule

Mit Farbbildern
von Helga Demmer

OBELISK VERLAG

Redaktion der Club-Taschenbuchreihe:
Inge Auböck

Umschlaggestaltung: Carola Holland

© 2009, 2015,2019 Taschenbuchausgabe
by Obelisk Verlag, Innsbruck – Wien
Lizenzausgabe

Berechtigter Abdruck der Kap. 1–3 aus „Der Hund kommt",
© 1987 Beltz Verlag, Weinheim und Basel
Programm Beltz & Gelberg, Weinheim

Alle Rechte vorbehalten

Druck und Bindung: Finidr, s.r.o., Český Těšín, Tschechien

ISBN 978-3-85197-912-1

Inhalt

Der Hund und das Schwarzer-Peter-Schwein
Seite 6

Der Hund geht zum Theater
Seite 38

Der Hund geht in die Schule
Seite 65

1. Kapitel

Der Hund und das Schwarzer-Peter-Schwein

Als die Kinder des Hundes erwachsen waren und die Frau vom Hund gestorben war, ging der Hund von zu Hause fort. Für immer und ewig ging er fort.

Er verkaufte das Haus und den Apfelbaumgarten. Die Briefmarkensammlung und den Fernsehapparat, die Bücher und das Ölgemälde von der Oma verkaufte er auch. Mit einem roten Koffer in der rechten Vorderpfote und einer blauen Reisetasche in der linken Vorderpfote ging er fort.

Den schwarzen Borsalino hatte er aufgesetzt, und den gestreiften Schal hatte er um den Hals gewickelt – dreimal rundherum, damit die Enden nicht am Boden nachschleiften. Um den Bauch hatte sich der Hund die grüne Wanderniere gebunden.

In die weite Welt hinaus wollte der Hund.

„Ich habe schon so lange gelebt und noch nicht viel erlebt", hatte sich der Hund gesagt. Und vielleicht, hatte er sich dabei gedacht, vielleicht wartet man auf mich in der weiten Welt, vielleicht braucht man mich.

Der Hund konnte ja auch allerhand!

Er war geprüfter Tischlermeister und pfiff neun Lieder perfekt. Er war begabt im Rosenveredeln und fürs Kakteengroßziehen, hatte ein Diplom im Rettungsschwimmen und ein Diplom für Brandbekämpfung. Er kochte Eiernockerln, Gulasch und Vanillepudding tadellos, und im Stricken mit vier verschiedenen Wollfäden war er ganz große Klasse. Von Schifffahrt, Landwirtschaft und Sternenkunde verstand er auch ein wenig.

Der Hund war also durch und durch gut zu gebrauchen. Und kräftig und schnell zu Fuß war er auch. Und hellhörig und weitsichtig und von äußerst feinem Geruchssinn.

Die Sonne ging gerade am Horizont auf und färbte den Himmel himbeerrot, als der Hund das Haus verließ. Den Haustürschlüssel legte er unter die Türmatte. Das hatte er mit dem Esel, dem er das Haus verkauft hatte, so ausgemacht.

Bis gegen Mittag wanderte der Hund querfeldein drauflos. Dann schlugen von irgendwoher Kirchturmglocken zwölf Mal. „Zeit zum Mittagessen!"

Der Hund redete gern mit sich selbst. Das hatte er sich nicht erst angewöhnt, seit die Kinder aus dem Haus waren und seine Frau tot war. Schon als Kind hatte er gern mit sich selbst geredet. Die anderen hatten ihn deswegen oft ausgelacht. Aber so dumm, dass er wegen ein bisschen Auslachen auf eine liebe Angewohnheit verzichtet hätte, war er nie gewesen!

Für die Mittagsrast suchte sich der Hund einen schattigen Platz unter einem großen Kastanienbaum aus. Er setzte sich auf die blaue Reisetasche. Die zwei Kissen und die Steppdecke waren in der Reisetasche. Da saß er sehr weich drauf. Den roten Koffer legte er vor sich auf den Boden.

Aus der grünen Wanderniere holte er ein Geschirrtuch und breitete es über den Koffer. Beinahe einen richtigen Tisch hatte er nun!

Dann holte er aus der Wanderniere noch ein Messer und eine Gabel, einen Teller und eine Papierserviette, eine Flasche Bier und fünf Zipfel Wurst, ein Paket Milch und einen Becher Schokopudding, ein Glas Sauerkraut und ein Stück Zwetschkenkuchen, zwei Ölsardinen und eine Tube Senf, ein Eckerl Butter und drei Scheibchen Käse.

Sonst aß der Hund nie so ein kunterbuntes Mittagessen! Das waren bloß die Sachen aus seinem Eisschrank. Den hatte er ausgeräumt, bevor er weggegangen war, denn der Esel hatte sich geweigert, den Eisschrankinhalt gegen Aufzahlung von zwei Euro zu nehmen.

„Lieber Hund, was soll ich mit dem Zeug?", hatte er gewiehert. „Das kann ich mir in die Haare schmieren! Ich fress nur Gras und Heu! Mein Bester, für mich ist das keinen Cent wert!"

Das war gelogen! Ganz gierig hatte der Esel auf die Bierflasche und den Schokopudding und den Zwetschkenkuchen gelinst.

Und da hatte sich der Hund gedacht: Zu den Geizigen soll man geizig sein! Damit sie merken, dass sie mit ihrer Lebensart nicht weiterkommen, und sich ändern!

„Dann eben nicht, bester Esel!", hatte er zum Esel gesagt.

Der Esel hatte ihm zum Abschied auf den Rücken geklopft und gemeint: „Na ja, so wünsche ich Glück fürs weitere Leben! Und falls Sie vor Ihrer Abreise nicht alles aufessen, können Sie es ruhig im Eisschrank lassen. Ich nehme Ihnen die Mühe gern ab, das Zeug in den Abfallkübel zu werfen!"

„Das tät' dir so passen", hatte der Hund hinter ihm hergemurmelt. „Keine Käserinde lass' ich da, kein Brotkrümelchen, kein Wursthäuterl!"

Und der Hund hatte seinen Schwur gehalten. Ratzekahl hatte er den Eisschrank geräumt. Sogar die Eiswürfel hatte er aus dem Tiefkühlfach genommen und zu Wasser auftauen lassen.

Der Hund aß sein kunterbuntes Menü, dann rülpste er, wickelte die Abfälle ins Geschirrtuch und stopfte sie in die Wanderniere.

Dann sagte er zu sich: „Zeit für den Mittagsschlaf, meine ich!"

Er legte sich zum Stamm vom Kastanienbaum, machte die Augen zu, klappte die Flatterohren über die geschlossenen Augen und versuchte einzuschlafen.

Doch da war eine umheimlich lästige Fliege! Die setzte sich auf seine Schnauze. Der Hund zuckte mit den Flatterohren, die Fliege flog hoch und setzte sich auf den Bauch und krabbelte dort herum. Und der Hund war am Bauch besonders kitzlig.

Der Hund wedelte mit dem Schwanz. Die Fliege flog vom Bauch weg und setzte sich auf die Schnauze. Der Hund zuckte mit den Ohren. Die Fliege setzte sich wieder auf den Bauch.

Dem Hund ging das unheimlich auf die Nerven! Und richtig schläfrig war er ohnehin nicht.

„Ein Mittagsschlaf ist eigentlich eine saudumme

Sache", murmelte er und sprang auf. „Seit Jahren halte ich einen Mittagsschlaf, obwohl ich zu Mittag überhaupt nicht müde bin! Das wird abgeschafft! Alle saudummen Sachen werden abgeschafft!"

Der Hund band sich die Wanderniere um, nahm den Koffer in die rechte Vorderpfote und die Reisetasche in die linke und wanderte weiter, querfeldein drauflos.

Als die Sonne schon recht tief am Himmel stand, kam er zu einem Wirtshaus. Ganz einsam, mitten auf einer Wiese, stand das Wirtshaus. Es hatte ein rotes Ziegeldach und weiße Mauern und grüne Fensterläden. Über der Eingangstür hing ein Schild. Zum wilden Heinrich stand darauf.

Auf die Eingangstür war eine Speisekarte genagelt. Der Hund besah sich die Speisekarte genau.

„Vernünftige Speisen, vernünftige Preise", murmelte er und öffnete die Tür.

Hinter der Tür war eine große Stube mit Tischen und einer Ausschank.

An einem Tisch saßen zwei Hennen und ein Hahn, an einem saß ein junger Hund, an einem eine Katze.

Am Ausschank lehnte ein Mensch, einer mit Glatze und buschigem Schnurrbart. Der sagte und verneigte sich dabei: „Schönen guten Nachmittag, der Hund!"

„Schönen guten Nachmittag, wilder Heinrich", sagte der Hund und verneigte sich auch. Dann setzte er sich an einen freien Tisch bei einem Fenster.

„Wollen der Hund speisen?"

„Dreimal Wurzelfleisch ohne Kren und ein großes Helles!", bestellte der Hund.

„Dreimal Wurzelfleisch ohne Kren auf einem Teller!", rief der Mensch mit Glatze und Schnurrbart zur Küchentür hin, dann nahm er ein Bierkrügel und zapfte das große Helle ab.

„Wohl bekomm's", sagte er und stellte das Bierkrügel auf den Tisch.

Der Hund hob das Krügel und trank es in einem Zug leer. Vom langen Wandern war er durstig geworden.

„Wenn ich noch um eins bitten darf, wilder Heinrich", sagte er dann und rülpste dreimal.

„Der wilde Heinrich war mein Vater", sagte der Wirt. „Ich bin der sanfte Heinrich! Ich bin nur noch nicht dazugekommen, das Schild umzumalen!"

Der sanfte Heinrich lief mit dem leeren Bierkrügel zur Ausschank.

Aus der Küche kam eine kleine Frau mit einem riesigen Teller voll Fleisch und gelben und weißen und roten Rübenraspeln drauf. Sie schaute sich um, ging auf den Hund zu und meinte: „Wird wohl Ihnen gehören?"

Der Hund nickte, nahm ihr den Teller ab und fing zu mampfen an.

„Sind der Hund auf Durchreise?", fragte die Frau.

„In die weite Welt geht's", sprach der Hund mit vollen Backen. „Ich will sehen, ob mich wer brauchen kann!"

Die Frau holte eine Brille aus der Schürzentasche, setzte sie auf und schaute den Hund genau an, von den Flatterohrspitzen bis zu den Hinterpfotenklauen musterte sie ihn, dann rief sie: „Sanfter Heinrich, schau dir den Hund einmal an! Den könnten wir doch brauchen, oder?"

Der sanfte Heinrich kam mit dem Bierkrügel, stellte es auf den Tisch, murmelte: „Prost, der Hund", holte auch eine Brille aus der Schürzentasche, setzte sie auf und schaute den Hund genau an. Von den Flatterohrspitzen bis zu den Hinterpfotenklauen musterte er ihn, dann sagte er: „Jawohl, den Hund könnten wir gut brauchen!"

„Tut mir leid!" Der Hund trank das zweite Krügel leer. „Aber ich will in die weite Welt. Und ich bin

erst ein paar Stunden gewandert. Die weite Welt ist weiter weg."

„Die Welt ist kugelrund, werter Hund", sagte der sanfte Heinrich. „Überall ist weite Welt!"

„Dort, wo Sie herkommen, werter Hund, ist auch weite Welt", sagte die Frau. „Das ist eine Standpunktsache!"

Die zwei haben eigentlich recht, dachte der Hund. Von guten Argumenten ließ er sich immer überzeugen.

Er wischte sich Bierschaum von der Schnauze und fragte: „Und wofür könnten Sie mich brauchen?"

„Als Rausschmeißer, werter Hund", sagte der sanfte Heinrich. „Ich brauche einen, der die Gäste aus dem Lokal wirft!"

„Sein Vater, der wilde Heinrich, hat das selbst erledigt", sagte die Frau. „Der war ein Mordskerl! Aber mein Mann ist zu schwach. Bierzapfen und Servieren und Gäste rauswerfen, das ist zu viel für ihn, das schafft er einfach nicht!"

Der Hund schaute sich in der Wirtsstube um. Die zwei Hennen und den Hahn, den jungen Hund und die Katze schaute er an. Er fand sie alle ziemlich nett. Und er hatte keine Lust, einen von ihnen zu packen, aus der Wirtsstube zu tragen und vor die Tür zu setzen.

„Ich glaube, das ist kein Job für mich", sagte er.

„Es geht nicht um solche Gäste, wie sie jetzt hier sind", sagte die Frau. „Die sind schon in Ordnung! Aber am Abend, da kommt allerhand Gelichter! Schläger und Spieler und Bolde aller Sorten!"

„Wenn das so weitergeht, bekommt mein Lokal einen schlechten Ruf", sagte der sanfte Heinrich. „Und dann kommen die anständigen Leute nicht mehr. Und dann sind wir bald eine Spelunke!"

Der Hund schleckte seinen Teller leer und überlegte: Nun ja, eigentlich hätte ich mir etwas anderes vorgestellt! Bolde rauswerfen ist neu für mich. Und Gelichter habe ich mein Lebtag lang überhaupt noch nicht gesehen. Ich kann also etwas erleben!

Der Hund schob der Frau den sauber geschleckten Teller hin und sagte: „O.K.! Ich nehme den Job an!"

Der sanfte Heinrich und seine Frau freuten sich mächtig. Bezahlen musste der Hund fürs Wurzelfleisch und fürs Bier nichts, denn Kost und Quartier, sagte der sanfte Heinrich, habe er nun frei.

„Und die Bezahlung", sagte die Frau, erfolge nach Leistung. „Pro rausgeworfener Bold, pro entferntem Gelichter je fünf Euro, wenn Sie damit einverstanden sind", sagte die Frau.

Der Hund nickte. Hinter Geld war er ja sowieso nicht her.

Arbeitsbeginn war für den Hund jeden Tag bei Sonnenuntergang. Arbeitsschluss war jeden Tag um Mitternacht. Zu tun hatte er nicht viel.

Er saß an einem Tisch, trank Bier oder mampfte Salzstangen, las Zeitung oder döste vor sich hin, machte sich Gedanken oder pfiff leise, und wenn der sanfte Heinrich zu ihm kam und „Tisch drei" oder „Tisch sieben" oder „Tisch eins" murmelte, dann erhob sich der Hund, um bei Tisch eins oder Tisch drei oder Tisch sieben Ordnung zu schaffen.

Zum richigen „Rausschmeißen" kam er fast gar nicht, denn alles, was an Bolden und Gelichter in der Wirtsstube herumhockte, war höchstens halb so groß und halb so breit wie der Hund und verdrückte sich schleunigst zur Tür hinaus, wenn der Hund bloß auf den Tisch zutrottete.

Erst am fünften Arbeitstag hatte der Hund einen echten „Rausschmiss". Da kam ein junger bunter Hund in die Wirtschaft. Obwohl in der Stube noch viele freie Tische waren, setzte er sich zu einer alten Katze an den Tisch.

Die Katze aß Ölsardinen in Thunfischsoße. Der junge bunte Hund grapschte sich eine Ölsardine von ihrem Teller. Die Katze fauchte ihn böse an, aber der junge bunte Hund scherte sich nicht darum und grapschte sich noch eine Ölsardine vom Teller der Katze.

Die Katze kreischte: „Wirt, Wirt, man schaffe mir den Hundsflegel aus meinem Teller!"

„Tisch fünf, der bunte Hund bei der Katze!", flüsterte der sanfte Heinrich dem Hund zu.

Der Hund stand auf und ging zu Tisch fünf.

Der junge bunte Hund grapschte sich die letzten zwei Ölsardinen vom Teller der Katze, steckte sie ins Maul und schaute dem Hund entgegen, als habe er gar keine Angst. Ganz frech schaute er und rief: „Na, Alter! Passt dir vielleicht was nicht?"

Mit einem einzigen schnellen Schwanzschlag hätte der Hund den jungen bunten Hund vom Stuhl fegen können. Mit einer Pfote, ohne dabei ins Schnaufen zu kommen, hätte der Hund den jungen bunten Hund k. o. schlagen können. Aber der junge bunte Hund erinnerte den Hund an seinen jüngsten Sohn! Die gleiche freche rosa Schnauze hatte er! Und die gleichen scheckigen Spitzohren! Und den gleichen lockigen Ringelschwanz!

Der Hund dachte: Ja, ja! Grad so könnte mein Jüngster da sitzen! Frech und ohne Manieren! Nix wie stänkern und angeben und Scheiße bauen! Aber tief drinnen in seiner Hundeseele ist er doch ein herzensguter Hundskerl!

Darum sagte der Hund freundlich zum jungen bunten Hund: „Junge, mach keinen Stunk, es lohnt sich nicht!"

Der junge bunte Hund blinzelte zum Hund hoch. Seine rosa Schnauze zuckte ein bisschen, seine scheckigen Spitzohren zitterten enorm, und der lockige Ringelschwanz spielte Klapperschlange.

Genau wie mein Jüngster, dachte der Hund. Scheißangst haben, aber frech tun!

Der junge bunte Hund zündete sich eine Zigarette

an und blies dem Hund drei Rauchkringel auf die Schnauze.

Der Hund nahm ihm die Zigarette aus dem Maul und drückte sie im Aschenbecher ab. Dann packte er den jungen bunten Hund ganz sacht im Genick, trug ihn vor die Tür und setzte ihn in die Wiese.

„Lauf heim, Junge", sagte er freundlich. „Du gehörst ja längst in die Heia, deine Mami macht sich Sorgen um dich!"

„Alter Trottel!", japste der junge Hund und wieselte davon.

Der Hund ging in die Wirtsstube zurück.

„Bravo, Hund", riefen ein paar Gäste.

„Echte Profiarbeit", lobte ihn der sanfte Heinrich.

Aber der Hund war ziemlich traurig. Weil ihn der junge bunte Hund so sehr an seinen jüngsten Sohn erinnert hatte, kam es ihm nun ganz so vor, als habe sein eigener Sohn zu ihm „alter Trottel" gesagt.

Nach Mitternacht, als die letzten Gäste gegangen waren und der sanfte Heinrich und seine Frau die Wirtsstube auskehrten und frische Tischtücher auflegten, nahm der Hund einen Bogen Papier und schrieb einen Brief. Er schrieb:

Lieber jüngster Sohn!
Hoffentlich geht es Dir gut! Hoffentlich
sind alle sehr freundlich zu Dir!
Ich denke oft an Dich und habe Dich sehr, sehr
lieb. Dein Vater

Der Hund steckte den Brief in ein Kuvert, schrieb die Adresse vom jüngsten Sohn darauf, klebte eine Briefmarke in die rechte obere Ecke und steckte den Brief in den Briefkasten neben der Haustür. Dann war ihm ein bisschen weniger traurig zumute.

In der ganzen Gegend hatte sich bald herumgesprochen, dass beim „Wilden Heinrich" ein „Rausschmeißer" angestellt sei, ein ganz großer, ganz breiter, ganz kräftiger. Darum mied das Gelichter das Wirtshaus, und die Bolde kamen auch kaum mehr; und wenn sie kamen, dann benahmen sie sich so, als ob sie gar keine wären.

Nur hin und wieder verirrte sich ein harmloser Stänkerer in das Wirtshaus. Oder jemand trank ein Glas Bier zu viel und schlug dann ein wenig Krach.

Einmal kam auch einer, ein roter Hahn, der fraß für drei und trank für vier und hatte dann kein Geld bei sich. Aber bei dem nützte auch das „Rausschmeißen" nichts.

Der Hund dachte daran, seinen Job zu kündigen. „Man braucht mich ja hier nicht wirklich", sagte er zu sich. „Und einfach so dahocken, als Drohung und Abschreckung, das ist ja auch keine Lebensaufgabe!"

Geld hatte der Hund übrigens erst sehr wenig verdient, denn der sanfte Heinrich bezahlte nur die „echten Rausschmisse". Wenn sich der Hund drohend erhob und ein bisschen knurrte, um einen Stänkerer zu vertreiben oder einen lauten Süffel zum Schweigen zu bringen, zahlte der sanfte Heinrich keinen Cent. „Das ist doch keine Arbeit", erklärte er dem Hund.

Den Hund ärgerte das, nicht wegen des Geldes, aber geizige Leute konnte er nun einmal nicht ausstehen.

Am Ende der dritten Arbeitswoche, an einem verregneten Samstag, waren am Abend nur wenige Gäste im Lokal.

Ein alter Esel und ein Hahn tranken an der Theke ihr Bier, ein Katzenpaar saß im schummrigen Winkel und schleckte Schokoeis, und beim Stammtisch lümmelten drei Hunde, ein Pfau und ein Kalb und besprachen die Weltlage.

Der Hund hockte an seinem Platz und gähnte vor sich hin.

Da kam ein Schwein zur Tür herein. Ein mittelgroßes rosiges, nicht sehr altes, nicht sehr junges Hausschwein. Anscheinend war es auf einem Moped gekommen, denn es hatte einen Helm unter dem Arm und einen Nierenschutz um den Bauch. Eine Umhängetasche hatte es auch.

Das Schwein ging zum Kleiderständer, hängte den Helm an einen Haken, schüttelte Wassertropfen aus dem Schweinsleder und fummelte am Nierenschutz herum.

Der sanfte Heinrich wieselte rasch zum Hund.

„Schnell", flüsterte er. „Werfen Sie das Schwein hinaus!"

„Was haben Sie gegen das Schwein?", fragte der Hund. „Es ist nicht betrunken, es stänkert nicht, es schaut nicht nach Gelichter und Bold aus!"

„Das Schwein spielt", flüsterte der sanfte Heinrich.

„Na und?" Der Hund schaute kugelrund. „Spielen wird man doch dürfen!"

„O Gotterl eins", seufzte der sanfte Heinrich. „Sie kapieren aber auch gar nichts! Das Schwein spielt Karten und knöpft dabei den Leuten das Geld ab!"

Das Schwein hatte sich inzwischen an einen Tisch gesetzt. Es rief: „Herr Wirt, bitte einen Kamillentee mit Honig und Zitrone!"

„Mein Lokal ist keine Spielhölle", flüsterte der sanfte Heinrich. „Los! Raus mit der Sau!"

Der Hund ging zum Schwein. Das Schwein lächelte ihm freundlich zu.

Der Hund fand, man könne ein freundlich lächelndes, nasses Schwein nicht so einfach aus dem Trockenen jagen. Er dachte: Vielleicht verwechselt der Chef das Schwein! Schließlich habe ich doch auch ein wenig Beobachtungsgabe, und mir kommt das Schwein sehr nett vor!

„Sind das Schwein beruflich unterwegs?", fragte der Hund.

Das Schwein nickte. „Ich bin Vertreter für Knöpfe", sagte das Schwein.

Es klappte die Umhängetasche auf und holte etliche Kartons heraus. Zwirnknöpfe, Hornknöpfe, Lederknöpfe, Metallknöpfe und Plastikknöpfe waren auf die Kartons genäht.

„Meine Musterkollektion", sagte das Schwein. „Wenn Sie Interesse haben an Knöpfen, kann ich Ihnen die Preise und die Lieferzeiten nennen!"

„Sehr nett von Ihnen", sagte der Hund. „Aber im Moment habe ich alle Knöpfe, die ich brauche!"

Der Hund lief zum Ausschank. „Irrtum, Chef", flüsterte er dem sanften Heinrich zu. „Der Beruf vom Schwein ist nicht Spieler! Es ist Knopfvertreter!"

„Das ist doch nur Tarnung", flüsterte der sanfte Heinrich zurück. „Harmlos tut es, freundet sich an und nimmt dann die Leute aus!"

Nein-nein-und-noch-neunmal-nein, dachte der Hund. Das Schwein hat einen sanften Blick und eine nette Stimme! Das Schwein ist nicht bös! Das Schwein ist nicht niederträchtig!

Der Hund holte einen Teebeutel aus der Lade, tat ihn in eine Teetasse und ließ aus der Espressomaschine kochendes Wasser in die Tasse laufen.

„He, Hund", sagte der sanfte Heinrich. „Was tun Sie

da! Der Wirt bin ich! Sie sind der Rausschmeißer!"

Der Hund nahm eine Zitrone und schnitt sie zu Achteln. Die Zitronenachtel legte er auf ein Tellerchen, und eine Portionspackung Bienenhonig legte er auch dazu.

„Wenn der Wirt seine Gäste nicht bedient", fauchte er den sanften Heinrich an, „dann muss ich es wohl machen!"

Der Hund brachte dem Schwein den Tee. „Haben Sie sonst noch Wünsche?", fragte er ganz so, wie er es immer vom sanften Heinrich gehört hatte. Nur ein bisschen freundlicher noch.

„Ein wenig Gesellschaft könnte ich brauchen", sagte das Schwein.

Der Hund setzte sich zum Schwein. Er dachte: Wozu lange herumreden? Ich fordere es einfach zum Kartenspielen auf! Dann werden wir ja merken, ob der sanfte Heinrich recht hat, oder ob ich recht habe!

„Wie wär's mit einem Spielchen?", fragte der Hund.

„Wenn Sie mögen, gern", sagte das Schwein.

„Schwarzer Peter vielleicht?", fragte der Hund.

„Wenn Sie mögen, gern", sagte das Schwein. Es holte eine Schachtel Schwarzer-Peter-Karten aus der Umhängetasche.

„Und um was spielen wir?", fragte der Hund.

„Um Geld spielen, das ist verboten", sagte das Schwein. „Spielen wir um Knöpfe!"

Er nahm die Musterkollektionsknöpfe aus der Umhängetasche. Fünf Knopfkartons gab er dem Hund, fünf behielt er für sich.

Der Hund dachte: Na, bitte! Nicht einmal um Geld will es spielen! Da sieht man's wieder, wie ein so harmloses, nettes Schwein verleumdet wird!

„Pro Spiel setzt jeder zwei Knöpfe ein", schlug das Schwein vor. „Wer gewinnt, dem gehören die vier Knöpfe!"

Der Hund war einverstanden. Die ersten vier Knöpfe gewann der Hund. Die nächsten vier Knöpfe gewann auch der Hund. Die dritten vier Knöpfe gewann wieder der Hund. Das Schwein verlor jedes Spiel!

Nach kaum einer halben Stunde hatte der Hund alle Knöpfe auf seiner Seite. Kein einziger Knopf war dem Schwein geblieben!

Der Hund wollte ihm den halben Knopfhaufen zurückgeben, doch das Schwein wehrte ab.

„Kommt nicht in Frage! Ich bin ein Ehrenschwein! Gewonnen ist gewonnen!"

„Dann können wir aber nimmer weiterspielen!"

Der Hund war ein bisschen traurig. Das Spielen und das Gewinnen machten ihm Spaß.

„Aber nein, irgendetwas kleines Rundes, das so ähnlich aussieht wie Knöpfe, werden wir schon finden, oder?"

Das Schwein tat, als denke es nach. Doch der Hund kam zuerst drauf!

„Münzen", rief er. „Nehmen wir Münzen! Die sind fast wie Knöpfe, nur dass sie keine Löcher zum Annähen haben, aber die brauchen wir ja nicht!"

Er holte zwanzig 10-Cent-Münzen aus seinem Geldbeutel.

„Ich habe leider kein Kleingeld", sagte das Schwein.

„Sie haben Ihre Knöpfe mit mir geteilt", sagte der Hund. „Da werde ich wohl meine Münzen mit Ihnen teilen dürfen!"

Er schob dem Schwein zehn 10-Cent-Münzen hin.

Sie spielten wieder Schwarzer Peter, aber jetzt gewann das Schwein.

Als alle Münzen beim Schwein waren, holte der Hund noch acht Münzen aus seinem Geldbeutel. Mehr hatte er nicht! Nach vier Spielen waren auch die beim Schwein!

„Ich könnte Ihnen ja jetzt wechseln, wenn Sie nur

noch Geldscheine haben", schlug das Schwein vor.

Der Hund holte sich einen 5 Euro-Schein aus seinem Sparschwein und gab ihn dem Schwein und bekam dafür zehn 50-Cent-Münzen. Dann spielte er noch fünf Spiele Schwarzer Peter und hatte wieder alles Geld und auch alle Lust aufs Weiterspielen verloren.

„Hören wir auf", sagte er. „Ich hab' kein Glück mehr!"

„Was heißt da Glück?" Der sanfte Heinrich wieselte auf das Schwein zu und riss ihm die Spielkarten aus der Pfote. Er blätterte alle Karten auf den Tisch – so, dass sie mit der Hinterseite nach oben lagen. Rot-blau kariert war die Hinterseite.

Als die Karten alle auf dem Tisch lagen, nahm der sanfte Heinrich die Brille aus der Schürzentasche, setzte sie auf und starrte auf die Karten. Ziemlich lang starrte er, dann rief er: „Ha! Da ist der Schwarze Peter!"

Er griff nach einer Karte, die hatte in jeder Ecke, in einem roten Karo, einen kleinen blauen Punkt. Der sanfte Heinrich drehte die Karte um: Es war wirklich die Schwarzer-Peter-Karte.

Das Schwein sprang auf, rannte zum Garderobenständer, riss Helm und Nierenschutz herunter und war auch schon draußen bei der Tür. Das Geld, das es dem Hund abgewonnen hatte, lag noch auf dem Tisch.

„Na, machen Sie schon", rief der sanfte Heinrich dem Hund zu. „Dalli, dalli, nix wie dem Schwein nach! Das übergeben wir der Polizei!"

Der Hund sammelte sein Geld ein. „Ich hatt' ja keinen Schaden", brummte er.

„Na und!" Der sanfte Heinrich bekam ganz wilde Augen. „Das Schwein ist ein Falschspieler, und auf Falschspielen steht Gefängnis bis zu drei Jahren! Wenn das Schwein endlich im Arrest schmachtet, ist das mein schönster Tag!"

Und die Gäste riefen: „Genau! Ins Loch mit der Sau!"

Und der Esel, der am Ausschank lehnte und sein sechstes Bier süffelte, brüllte: „Was heißt drei Jahre Gefängnis? Lebenslänglich gehört so einer Sau!"

Und der Hahn, der neben dem Esel hockte, krähte: „Wieso lebenslänglich? Wenn Sie mich fragen, gehört das Schwein notgeschlachtet, jawohl!"

Und die anderen Gäste trommelten auf die Tische. Das hieß so viel wie: Recht hat er, der Hahn!

Der Hund erhob sich und sprach: „Irgendwie, Herrschaften, seid ihr zum Kotzen! Ich mag euch nicht!"

Er holte seinen Koffer und seine Reisetasche, setzte den Borsalino auf, wickelte den Schal dreimal um den Hals, band sich die Wanderniere um den Bauch, sagte zum sanften Heinrich: „Hiermit kündige ich!" und verließ das Wirtshaus.

Stockdunkle Nacht war draußen. Der Hund marschierte über die Wiese, der Straße zu und sagte dabei zu sich:

„Dieses Wirtshaus war doch nicht die weite Welt! In der weiten Welt ist man großzügiger und nicht so affengeil auf Rache aus!"

Als der Hund Straßenasphalt unter den Pfoten fühlte, überlegte er, ob es zur weiten Welt nach rechts oder nach links gehe. Er entschied sich dafür, nach links zu gehen, weil er da Rückenwind hatte. Wenn er irgendetwas im Leben nicht ausstehen konnte, dann war es frischer Wind um die Schnauze!

Er trottete nach links und pfiff seine neun Lieder. Ein wenig heiß war ihm, denn die Nacht war lind und lau, und der Schal war aus Angorahasen-Wolle gestrickt. Aber der Hund trug den Schal bei jedem Wetter. Weil ihn seine Frau gestrickt hatte und weil sie vier Jahre dazu gebraucht hatte. Sie war keine flinke Strickerin gewesen.

„Wenn ich den Schal nur bei Bärenkälte nehme", hatte sich der Hund gesagt, „dann ehre ich die Arbeit meiner Frau zu wenig!"

Es dämmerte schon, da kam er durch ein Waldstück und sah am Straßenrand ein Moped stehen. Und im

Straßengraben, hinter dem Moped, lag das Schwein und schnarchte.

Der Hund sprang in den Straßengraben und packte das Schwein am Ringelschwanz. „He, Schwein", rief er.

Das Schwein fuhr hoch, blinzelte, gähnte, rieb sich die Augen, erkannte den Hund und fing an zu zittern. Es wollte aufspringen und weglaufen, aber das ging nicht, denn der Hund ließ den Ringelschwanz nicht los.

„Werter Hund", quäkte das Schwein. „Ich bitte, mit mir Nachsicht zu haben!"

„Warum tust du das eigentlich?", fragte der Hund.

„Wegen dem Glück", sagte das Schwein. „Schwein und Glück gehören zusammen, aber ich habe nie welches! Von Ferkel auf nie! Und wenn ich beim Kartenspielen gewinne, dann habe ich Glück! Darum!"

„Blödsinn", sagte der Hund. „Dann müsstest du doch ehrlich spielen, wenn es dir ums Glück geht!"

„Wenn ich ehrlich spiele, gewinne ich aber nicht, dann verliere ich immer!"

Das Schwein schluchzte. Dicke Tränen kullerten über seine Backen.

Der Hund reichte ihm ein Taschentuch und ließ den Ringelschwanz los.

Das Schwein schnäuzte sich und schluchzte: „Aber wenn man mir nicht draufkommt, dass ich falsch spiele, dann kann man doch auch von Glück reden, oder?"

„Du bist ein armes Schwein", murmelte der Hund.

Und dann fiel ihm ein, dass seine Frau früher oft gesagt hatte: „Mit meinem Mann habe ich Glück!" Und seine Kinder hatten auch oft gesagt: „Was für ein Glück, dass wir so einen Vater haben!"

Warum, dachte der Hund, soll es dann nicht auch ein Glück sein, mich zum Freund zu haben? Wenn das Schwein so sehr hinter dem Glück her ist, kann ich ihm ja den Gefallen tun!

„Schwein", sagte der Hund. „Ab jetzt werde ich dein Freund sein, wenn du mich hast, hast du Glück! Dann brauchst du die Karten nicht mehr!"

„Ehrlich wahr?" Das Schwein schnäuzte sich noch

einmal und wischte Tränen aus den Augenwinkeln.

„Ehrlich wahr", sagte der Hund und hob die rechte Vorderpfote zum Schwur.

Da lächelte das Schwein und reichte dem Hund die rechte Vorderpfote.

Der Hund schüttelte sie lang. Dann stiegen das Schwein und der Hund aufs Moped.

Der Hund durfte vorne sitzen und lenken. Er brauste los.

Das Schwein hielt sich an seinem Bauch fest und brüllte nach vorne: „Ich bin ja so glücklich, dass du mich nicht zur Polizei bringst!"

Ich habe es mir doch richtig überlegt, dachte der Hund. Das Schweinsglück fängt schon an!

2. Kapitel

Der Hund geht zum Theater

Der Hund und das Schwein hatten es zusammen recht angenehm. Jeden Tag fuhren sie ein paar Stunden lang weiter in die weite Welt hinein. Jeden Abend saßen sie zusammen in einer anderen Wirtsstube, und jede Nacht schliefen sie zusammen in einem anderen Gasthaus-Doppelbett.

Der Hund hätte zwar nichts dagegen gehabt, im Freien zu übernachten, denn es war Sommer und die Nächte waren lau und lind, doch das Schwein hatte gesagt:

„Im Freien schlafen ist widerlich! Spinnen und Ameisen belästigen dich! Und Tannennadeln oder dürre Zweige stichst du dir ins Leder! Und die helle Sonne weckt dich viel zu früh! Und bei dem Unglück, das ich immer habe, würde doch glatt ein Sommergewitter kommen, und der Blitz würde mich erschlagen, oder der Donner würde mich taub machen!"

So lud der Hund das Schwein eben jeden Abend auf ein Doppelbett ein.

Der Hund tat noch mehr für das Glück vom Schwein!

Wenn sie ihr Nachtmahl aßen, schob er dem Schwein immer den Teller mit der größeren Portion zu, und im Bett bekam das Schwein immer das weichere Kissen.

Und jeden Tag einmal ließ der Hund heimlich eine Münze fallen, und das Schwein entdeckte dann die Münze, hob sie auf und steckte sie ein und rief:

„Hund, du bringst mir wirklich Glück! Bevor ich dich kennengelernt habe, habe ich nie eine Münze gefunden!"

Von Tag zu Tag gewöhnte sich das Schwein mehr und mehr ans Glückhaben. Nach drei Wochen sagte es schon: „Ich bin ein echtes Glücksschwein!"

Der Hund freute sich darüber! Allerdings machte er sich auch ein bisschen Sorgen ums Geld. Er dachte: Wenn das so weitergeht, jeden Tag die Ausgaben fürs Essen und fürs Schlafen und das Geld für das Mopedbenzin und dazu noch das Geld, das das Schwein finden will, dann bin ich bald pleite! Immer nur Ausgaben und keine Einnahmen, das geht nicht!

Also sagte der Hund eines Abends beim Nachtmahl zum Schwein: „Du, Schwein, wir müssen uns nach Arbeit umschauen!"

Das Schwein mampfte gerade an einer Karotte und verschluckte sich vor Schreck. Es hustete, es würgte, Tränen traten ihm in die Augen.

Der Hund klopfte dem Schwein den Rücken.

Das Schwein beruhigte sich ein bisschen, es würgte und hustete nicht mehr, aber es sagte ganz traurig: „Also sind die glücklichen Zeiten für mich jetzt wieder vorbei!"

„Nein, nein", rief der Hund, „Arbeit ist nur ein Unglück, wenn man sie nicht gern tut! Arbeit, die man gern tut, ist ein Glück!"

Er tätschelte dem Schwein die Vorderpfoten.

„Was würdest du denn gerne tun?", fragte er.

„Ich?" Das Schwein blinzelte verschämt.

„Ja, du!", sagte der Hund.

„Also ich …" Das Schwein zierte sich. Es senkte den Schädel und schlug die Augen nieder.

„Na, Schwein, so sag es doch schon, genier dich doch nicht", redete ihm der Hund zu.

Sehr leise sagte das Schwein: „Zum Theater würde ich gern gehen."

„Als Kartenverkäufer, als Platzanweiser, als Kulissenschieber, als Vorhangaufzieher oder als Beleuchter?", fragte der Hund.

„Als Schauspieler", flüsterte das Schwein.

Da war der Hund erschrocken, denn das Schwein war ja nun wirklich keine Schönheit, und eine Grunzstimme hatte es auch.

Doch der Hund ließ sich seinen Schrecken nicht anmerken. Er sagte:

„O.K., Schwein, dann versuchen wir eben unser Glück beim Theater! Aber wenn du zum Theater willst, dann musst du etwas vortragen können. Das heißt, du musst dem Theaterdirektor etwas aufsagen, damit er sich von deinem Talent überzeugen kann."

Er schaute das Schwein an.

„Kannst du Gedichte aufsagen?"

Das Schwein schüttelte den Schädel.

„Leider nicht", sagte es. „Ich bin nämlich nicht gut im Auswendiglernen!"

Der Hund seufzte, aber nur ganz leise.

„Wir werden üben", sagte er.

Am nächsten Morgen kaufte der Hund in einer Buchhandlung drei Gedichtbände. Und nach dem Mittagessen, als sie in einem Wirtshausgarten saßen und Kaffee tranken, fing der Hund mit dem Schwein zu lernen an. Das war eine echte Hundsarbeit!

Hundertmal sagte er dem Schwein vor: „Guter Mond, du gehst so stille durch die Abendwolken hin …"

Das Schwein merkte sich bloß: „Guter Mond …" Mehr ging in sein Schweinshirn nicht hinein.

Einmal sagte es: „Guter Mond, du stehst so stille in der Abendwolke hier …"

Einmal sagte es: „Guter Mond, die Abendwolken ziehn durch dich hin", dann sagte es: „Guter Mond, deine Abendwolken stehen stille …"

Es war zum Aus-der-Hundshautfahren!

„Vielleicht solltest du besser Sänger werden", schlug der Hund vor.

„Genau!", rief das Schwein entzückt. „Dann kann ich tralala singen, wenn mir zufällig der Text entfallen ist!"

Und dann sang das Schwein dem Hund vor. Es sang:

„Komm, lieber Tralala, und mache die Tralala trala, und lass uns an dem Bache, die trala-la-la-la!"

Das Schwein sang so falsch, dass dem Hund die Flatterohren bebten und die Nasenlöcher feucht wurden.

„Möchtest du nicht vielleicht Tänzer werden?", fragte der Hund.

Das Schwein überlegte.

Ziemlich lange überlegte es, dann rief es:

„Du, Hund, ich werde Musicalstar! Da kann ich singen und tanzen und spielen! Wie findest du das?"

Der Hund nickte und tat, als ob er das gut fände. Er wollte das Schwein nicht kränken.

Kommt Zeit, kommt Rat, dachte er. Wer sich so wenig merkt wie das Schwein, vergisst vielleicht auch die Wahnsinnsidee, Musicalstar werden zu wollen.

So vergesslich war das Schwein aber nun auch wieder nicht.

Drei Tage später kamen der Hund und das Schwein in eine kleine Stadt. Auf dem Hauptplatz stand ein großes Haus, das hatte rechts und links vom Eingangstor Säulen.

„Was ist denn das für ein Haus?", fragte das Schwein.

„Keine Ahnung", log der Hund. Er wollte dem Schwein nicht sagen, dass das Haus mit den Säulen das Stadttheater war.

„Ich werde es gleich herausgefunden haben", sagte das Schwein.

Es bremste, sprang vom Moped und lief auf einen Esel zu, der des Weges kam.

Es verbeugte sich vor dem Esel und fragte:

„Pardon, der Herr, könnten Sie mir sagen, welches Haus das ist?"

Es zeigte zum Säulenhaus.

„Das ist unser Stadttheater", sagte der Esel.

Das Schwein klatschte in die Pfoten.

„Ich bin ja durch und durch ein Glücksschwein", rief es. „Kaum habe ich beschlossen, Musicalstar zu werden, kommen wir auch schon in eine Stadt, die ein Theater für mich hat!"

Das Schwein wollte sofort ins Theater hinein. Der Hund hielt es zurück.

„Sachte, sachte, Freund", sagte er. „Zuerst essen wir einmal in aller Ruhe ein Häppchen und überlegen, wie wir am besten vorgehen!"

„Wie sollen wir schon vorgehen", rief das Schwein ungeduldig. „Ich gehe zum Direktor und singe ihm ein bisschen vor und tanze dazu! Und wenn er will, sage ich ihm auch noch das Gedicht von der Sonne und den Morgenwolken auf!"

„Vom Mond und den Abendwolken", sagte der Hund.

„Ist doch Jacke wie Hose", rief das Schwein.

„Pass auf", sagte der Hund. „Jetzt ist es Mittag. Das Theater ist noch zugesperrt. Die fangen erst am Nachmittag an. Die Theaterleute schlafen immer bis Mittag, weil sie ja am Abend arbeiten!"

Das sah das Schwein ein. Und da es ohnehin immer hungrig war, ließ es sich vom Hund zu einem Gulasch mit Nockerln einladen.

Der Hund hatte gar keine Freude an seinem Gulasch. Er zerbrach sich den Kopf, wie dem Schwein die Sache auszureden sei, ohne es zu kränken.

Das Schwein durfte sich einfach nicht im Theater vorstellen! Alle würden es doch auslachen! Und ein Schwein mit einer zarten Seele hält das nicht gut aus!

Beim Tellerauslecken kam dem Hund ein Einfall.

„Schwein", sagte er, „jeder ordentliche Musicalstar hat einen Agenten!"

„Einen was?", fragte das Schwein.

„Einen Agenten", antwortete der Hund. „Der erledigt für ihn die Geschäfte! Macht die Gage aus und so! Und schaut, ob die Verträge in Ordnung sind."

„Wo nehm' ich bloß so jemanden her?", fragte das Schwein.

„Ich bin dein Agent", sagte der Hund.

Das Schwein nickte. „Gut", rief es. „Du bist sicher ein ordentlicher Agent!"

„Und darum", sagte der Hund, „gehe ich zuerst zum Theaterdirektor! Das ist vornehmer! Und es wirkt auch besser, wenn ich deine Talente anpreise!"

„Genau!", rief das Schwein. „Eigenlob stinkt!"

„Eben", brummte der Hund.

Er hatte nicht die Absicht, wirklich zum Theaterdirektor zu gehen. Er dachte: Ich werde nur so tun! Ich werde das Schwein hier sitzen lassen und ein bisschen spazieren gehen, und dann werde ich zurückkommen und dem Schwein sagen, dass in dieser Saison leider kein Musical aufgeführt wird und dass für die nächste Saison schon alle Musicalrollen vergeben sind!

So eine Absage, fand der Hund, sei leichter auszuhalten für das Schwein als ein Rausschmiss wegen Talentlosigkeit.

„Gut", sagte das Schwein. „Jetzt ist es schon fast zwei Uhr! Zahl, und dann gehen wir!"

Der Hund wollte das Schwein überreden, im Gasthaus auf ihn zu warten, aber das gelang ihm nicht. Das Schwein begleitete ihn bis zum Theater.

Vor dem großen Eingangstor sagte der Hund: „Also, dann tschüs, bis nachher!"

"Ich komme mit", sagte das Schwein. „Bis zur Tür vom Direktor komme ich mit!"

Und schon hatte das Schwein das Tor aufgemacht, war ins Foyer hineingewieselt und hatte den Portier gefragt: „Wo geht es zum Herrn Direktor?"

„Die Treppe hinauf und dann rechts die zweite Tür", sagte der Portier.

Das Schwein rannte im Schweinsgalopp die Treppe hoch, und dem Hund blieb nichts anderes übrig, als hinterherzurennen.

DIREKTION stand an der zweiten Tür rechts.

Neben der Tür war ein Sessel.

„Mach's gut", sagte das Schwein. „Ich halt die Klauen!"

Es setzte sich auf den Sessel.

Der Hund war ratlos. Er starrte die Tür an und dachte: Was tu' ich denn jetzt?

Da kam eine junge blonde Frau den Gang entlang.

Sie sah den Hund, stürmte auf ihn zu, rief: „Ach, wie herrlich", riss die Tür zur Direktion auf, rief zur Tür hinein: „Direktor, ein Hund ist gekommen!" und schubste den Hund in die Direktion.

An den Wänden hingen viele Fotos von Schauspielern. Der Herr Direktor saß hinter einem riesigen Schreibtisch. Er hatte rote Locken und einen roten Backenbart und abstehende Ohren und einen dicken Bauch.

„Nehmen Sie Platz, mein Bester", sagte er. „Zigarre, Kaffee oder Schnaps genehm?"

„Danke nein, bitte", sagte der Hund.

Er nahm den Borsalino ab und setzte sich auf einen Sessel vor dem Schreibtisch.

„Sie sind wirklich die Rettung in allerletzter Minute", sagte der Direktor. Er nahm eine Mappe vom

Tisch. „Hoffentlich schaffen Sie den Text bis morgen. Es ist eine Hauptrolle!"

Er drückte dem Hund die Mappe in die Pfoten. Der Hund wurde immer ratloser, doch dem Direktor fiel das nicht auf.

„Jetzt ist mir ein Stein vom Herzen gefallen", sagte er. „Jetzt hab' ich mir ein Schnäpschen verdient!"

Er stand auf, ging zu einem Schrank und holte eine Schnapsflasche heraus und zwei Gläser und füllte die Gläser und trank eines leer. Das zweite Glas gab er dem Hund.

Der Hund konnte Schnaps nicht leiden, weil er aber so ratlos war, trank er den Schnaps aus.

Der Direktor füllte sich sein Glas noch einmal und trank es wieder leer.

„Wissen Sie", sagte er, „das kommt alles davon, weil niemand auf mich hört! Immer habe ich unserem Hund gepredigt, dass ein Schauspieler nicht Bergsteigen darf. Dass das zu gefährlich ist! Aber man redet ja in den Wind! Und jetzt liegt der Hund mit zwei vergipsten Hinterpfoten und einem Verband über den Ohren im Krankenhaus!"

Der Direktor nahm sich einen dritten Schnaps.

„Seit zehn Tagen suchen wir einen Ersatzhund!

Kein Agent konnte uns einen verschaffen! Nichts als kleine Rattler und Pinscher und Dackel hat man mir geschickt. Alles gute Schauspieler, aber für diese Rolle total ungeeignet!" Der Direktor hob die Arme und  streckte sie zur Zimmerdecke. „Dem Himmel sei Dank, dass er Sie geschickt hat!"

Nun kannte sich der Hund aus. Er wollte dem Direktor erklären, dass er gar kein Schauspieler sei, aber der Direktor ließ ihn nicht zu Wort kommen. Er fing an, dem Hund die Rolle zu erklären.

„Eine wunderbare Charakterrolle ist das", schwärmte er. „Sie sind ein Prinz und lieben die Prinzessin aus dem Nachbarland, aber die ist in einen Windhund verliebt und will Sie nicht. Und da werden Sie traurig und trübsinnig, aber dann erfahren Sie, dass die Prinzessin den Windhund geheiratet hat und dass der Windhund böse zu ihr ist, und da beschließen Sie, die Prinzessin vom Windhund zu befreien …"

Je länger der Direktor erzählte, um so besser gefiel dem Hund die Sache! Warum eigentlich nicht, dachte er. Im Auswendiglernen war ich immer schon spitze, und traurig dreinschauen liegt mir, und gegen einen Windhund kämpfen – wenn er nicht davonrennt – ist eine Kleinigkeit.

So behielt der Hund für sich, dass er gar kein Schauspieler war, und als der Direktor das ganze Theaterstück erzählt hatte, sagte der Hund: „Die Sache hat leider einen Haken. Ich und ein Schwein nämlich, wir sind Partner! Wir treten nur zusammen auf! Das haben wir so ausgemacht!"

„Aber in dem Theaterstück ist keine Rolle für ein Schwein", sagte der Direktor.

„Dann muss ich ablehnen", sagte der Hund. „Ohne mein Schwein läuft nichts bei mir!"

Der Hund stand auf und tat, als wollte er weggehen.

„So warten Sie doch", rief der Direktor. Er sprang auf, packte den Hund am Schal und hielt ihn zurück. „Muss die Rolle für Ihr Schwein groß sein?", fragte er.

„Nicht unbedingt", sagte der Hund. „Bloß auf der Bühne sollte es sein und das eine oder andere Wort sagen!"

„Schön, dann bekommt Ihr Schwein eine Rolle."
Der Direktor ließ den Schal vom Hund los und setzte sich wieder. „Das Schwein wird Ihr Bruder. Es weicht Ihnen nicht von der Seite. Kleine Brüder haben das ja so an sich! Und manchmal sagt das Schwein: ‚Mir soll's recht sein, Bruder.' Genügt das?"

Der Hund nickte und sagte: „Also gut. Dann werden jetzt das Schwein und ich den Text lernen!"

Der Direktor schüttelte dem Hund die Pfote und teilte ihm mit, dass morgen um zehn Uhr die Generalprobe sei, und bat, der Hund möge pünktlich erscheinen.

„Na, endlich!", rief das Schwein, als der Hund zur Tür rauskam. „Hab' ich einen Job?"

Das Schwein sprang auf und hopste aufgeregt vor dem Hund herum.

„Du hast eine Hauptrolle", sagte der Hund. „Du bist das Schwein, dem alles recht sein soll! Und stell dir vor, ich habe auch eine Rolle bekommen. Ich bin dein Bruder!"

Das Schwein freute sich mächtig. Es wollte feiern. Doch der Hund sagte, das sei ganz unmöglich, sie könnten nicht feiern, sie müssten lernen.

Der Hund und das Schwein fuhren mit dem Moped

auf eine Wiese vor der Stadt. Sie setzten sich ins Gras, und der Hund übte mit dem Schwein den Satz: „Mir soll's recht sein, Bruder!"

Spät am Abend, als der Mond hinter den Hügeln aufging, hatte das Schwein seinen Satz endlich kapiert. Aber vom Lernen war das Schwein so müde geworden, dass es auf der Wiese einschlief.

Der Hund deckte es mit seiner Strickjacke zu und fing an, die Prinzenrolle zu lernen.

Gott sei Dank schien der Mond so hell, dass der Hund den Text im Mondlicht lesen konnte. Als die Sonne aufging, hatte es der Hund geschafft. Wie Schauspieler so sagen: Der Text saß perfekt!

Natürlich war der Hund ziemlich müde. Nächte zu durchwachen, war er nicht gewohnt. Er gähnte ein bisschen.

Das Schwein wurde munter, weil ihm die Sonne auf den Rüssel schien. Es gähnte auch, dann rief es: „Mir soll's recht sein, Bruder!"

Der Hund freute sich sehr, dass das Schwein seinen Satz noch wusste.

Die Generalprobe war ein Erfolg! Der Theaterdirektor war ganz entzückt vom Hund.

„Wo sind Sie denn bisher aufgetreten?", fragte er. „Haben Sie im Verborgenen geblüht? Dass so ein Talent nicht weltberühmt ist, wundert mich!"

„Ich war im Ausland", sagte der Hund.

„Ich war auch im Ausland", sagte das Schwein.

Aber das interessierte den Direktor nicht besonders. Er hörte gar nicht richtig hin.

Das Schwein merkte das. „Wieso lobt er mich nicht?", beschwerte es sich beim Hund.

„Ach, er hat dich über den grünen Klee gelobt", log der Hund. „Gerade vorher, als du auf dem Klo warst!"
Da war das Schwein beruhigt.

Von diesem Tag an traten der Hund und das Schwein sieben Mal in der Woche in dem Theaterstück „Ein Prinz sucht sein Glück" auf.
Der Hund war bald der Liebling des Publikums, und das Schwein konnte kaum Schaden anrichten. Es spielte ja keine Rolle, ob es seinen Satz sagte oder ob es ihn vergaß. Und wenn dann der Vorhang fiel und die Leute klatschten und sich die Schauspieler zusammen verneigten, freute sich das Schwein und dachte: Die jubeln alle mir zu!
Doch eines Tages bekam das Schwein eine Zeitung in die Pfoten. Auf der letzten Seite der Zeitung stand eine Kritik über das Theaterstück.
„Ein Prinz sucht sein Glück", stand da, sei ein sehr spannendes und dazu noch sehr poetisches Stück. Und der Hund, der den Prinzen spiele, sei ein großer Künstler. Die Schauspielerin, die die Prinzessin spiele, sei auch ein großes Talent. Auch der Windhund und der Vater der Prinzessin und die Zofe und der Kammerdiener Franz wurden lobend erwähnt. Sogar

der Koch, der dem Hund im 2. Akt drei Marillenknödel brachte, bekam ein Lob. Und zum Schluss stand noch geschrieben: „Nur, warum andauernd der kleine Bruder vom Prinzen über die Bühne jappelt und ‚Mir soll's recht sein' grunzt, bleibt rätselhaft. Auf diese Figur hätte der Autor besser verzichten sollen!"

Das Schwein galoppierte mit der Zeitung zum Hund.

„Lies das!", grunzte es empört. „Dem Volltrottel, der das geschrieben hat, dem werde ich es zeigen! Der wird noch Augen machen!"

„Was hast du vor?", fragte der Hund und bekam drei dicke Kummerfalten auf der Stirn.

„Das wirst du heute Abend sehen!" Das Schwein grunzte geheimnisvoll.

„Mach bitte keinen Unfug", mahnte der Hund. „Sonst geht noch etwas schief!"

„Ach, Gotterl, nein!", rief das Schwein. „Bei dem Glück, das ich habe, seit ich mit dir zusammen bin, kann gar nichts schief gehen!"

Als an diesem Abend der Vorhang im Theater hochging, saß der Hund – so wie bei jeder anderen Vorstellung auch – auf seinem Thron, und das Schwein saß zu seinen Pfoten.

Der Hund rief:
"Lieber Kammerdiener, lieber Franz,
ungeduldig bin ich schon ganz!
Vor drei Tagen bat ich um ihre Hand
die Prinzessin aus dem Nachbarland!
Wann sagt sie denn endlich ja?
Warum ist der reitende Bote noch nicht da?
Ich zittere vor Sehnen und Bangen,
würd' am liebsten zu weinen anfangen!"

Nun hätte das Schwein sagen sollen: Mir soll's recht sein, Bruder! Doch das Schwein pfiff auf seinen Text. Es sprang auf und schlug um den Thron herum Purzelbäume und sang dabei: "Komm, lieber Tralala, und mache die Trala wieder trala!"

Die Zuschauer lachten, ein paar klatschten sogar, und eine dicke blonde Frau, die in der ersten Reihe saß, rief: "Bravo!"

Dann kam der Kammerdiener Franz auf die Bühne. Er hatte ein großes Briefkuvert in der Hand und sprach:

"Mein Prinz, hier ist die Nachricht,
auf die ihr so schrecklich erpicht!"

Der Prinz schnappte sich das Kuvert, riss es auf, zog ein Blatt Papier heraus und las vor:

„Werter Prinz, ich muss Dir sagen,
die Ehe mit Dir kann ich nicht wagen,
dem Grafen Windhund gehört mein Herz,
und macht Dir dies auch großen Schmerz,
es ist nicht mehr zu ändern!
Such Dir eine Frau in anderen Ländern!"
Nun hätte der Hund zu weinen und zu schluchzen anfangen sollen, doch dazu kam er nicht, denn das Schwein purzelte schon wieder über die Bühne und quäkte dabei unentwegt: „Mir soll's recht sein, Bruder, mir soll's recht sein, Bruder, mir soll's recht sein, Bruder …"

Die Zuschauer lachten wieder, fast alle klatschten jetzt, und die dicke blonde Frau in der ersten Reihe sprang auf und rief: „Bravo, bravo, bravissimo!"

Der Kammerdiener Franz schnappte sich das Schwein und wollte es abschleppen, nach hinten, in die Kulissen.

Doch das Schwein wehrte sich, es wand sich und strampelte und quäkte: „Ich bin der Hauptdarsteller! Ohne mich läuft hier nichts! Lass mich sofort los!"

Das gefiel den Zuschauern noch besser als das Purzelbaumschlagen und das Tralala-Lied. Das Theater wackelte vor Gelächter, alle Zuschauer klatschten, und die dicke blonde Frau aus der ersten Reihe warf dem Schwein Kusshände zu.

„Vorhang runter", rief der Theaterdirektor hinter den Kulissen.

Langsam fiel der Vorhang. Der Direktor sauste auf die Bühne.

„Ist das Schwein verrückt geworden?", brüllte er. „Hinaus mit dem Schwein, nichts wie hinaus mit dem Schwein!"

„Das will ich ja!", rief das Schwein. „Aber wenn mich der blöde Kerl nicht loslässt, dann kann ich doch nicht!"

Der Kammerdiener Franz ließ das Schwein los, und das Schwein rannte auf den Vorhang zu. Der Direktor packte es am Ringelschwanz. Das Schwein flitzte unter dem Vorhang durch, und weil der Direktor den Ringelschwanz nicht losließ, sauste er hinter dem Schwein her und stand plötzlich neben dem Schwein vor dem Vorhang, an der Rampe.

Das Schwein lächelte und verbeugte sich vor den klatschenden Zuschauern.

Dem Direktor blieb nichts anderes übrig, als sich auch zu verneigen und auch zu lächeln. Weil er aber eine Riesenwut auf das Schwein hatte, trat er dem Schwein dabei gegen eine Hinterhaxe.

Das Schwein verlor das Gleichgewicht, kippte vornüber und fiel der dicken blonden Frau in den Schoß.

„Was für eine Ehre", rief die dicke blonde Frau entzückt, „einen Schauspieler habe ich noch nie in den Armen gehalten!"

Der Hund nahm die Krone vom Kopf, legte das Zepter neben den Thron und schlich in seine Garderobe. „Aus und vorbei", sprach er zu sich. „Und bevor mich der Direktor hinauswirft, gehe ich lieber selber!"

Er setzte den Borsalino auf, wickelte den Schal um den Hals, band die Wanderniere um den Bauch und verließ das Theater. Bis auf die Straße hinaus war der Applaus zu hören!

Der Hund lief zum Parkplatz hinter dem Theater, wo das Moped vom Schwein geparkt war. Er holte seine Reisetasche und den Koffer vom Gepäckträger.

Er setzte sich neben das Moped, nahm einen Bogen Briefpapier aus der Reisetasche und schrieb darauf:

Lieber Freund Schwein, unsere Wege trennen sich nun. Aber Du wirst sicher auch weiter noch viel Glück haben. Das weiß ich genau. Dein Freund Hund.

Der Hund band den Brief mit einem Schuhband an den Lenker vom Moped, nahm die Reisetasche in die rechte Vorderpfote und den Koffer in die linke und marschierte in die Nacht hinein und pfiff dabei seine neun Lieder.

Er war sehr wohlgemut. Schrecklich gern war er nämlich mit dem Schwein nicht Freund gewesen!

Ein paar Tage später, bei einer Rast in einem Kaffeehaus, las der Hund in der Zeitung:

Riesenerfolg im Theater! „Der Prinz sucht sein Glück" wurde neu inszeniert! Das Stück ist viel lustiger geworden und viel kürzer auch. Ein schweinischer Künstler von Gottes Gnaden feiert darin Erfolge.

Und eine Woche später sah der Hund an einem Kiosk eine Zeitung hängen, die hatte auf der ersten Seite ein großes Bild. Darauf war das Schwein, und Wange an Wange mit dem Schwein die dicke blonde Frau. Die, der das Schwein in den Schoß geplumpst war. Die Frau hatte ein Kränzlein auf dem Kopf und lächelte. Unter dem Foto stand:

Große Hochzeit in der feinen Gesellschaft! Die Besitzerin der Wurstfabrik „Extra & Knack" hat heute das Komikerschwein vom Stadttheater geheiratet. Angeblich war es Liebe auf den ersten Blick. Das Schwein wird sich leider vom Theater zurückziehen und in den Betrieb der Ehefrau einsteigen.

„O.K., das hätten wir geschafft!", murmelte der Hund, nachdem er die Zeitung gelesen hatte. Und als er dann weiterwanderte, pfiff er besonders fröhlich vor sich hin.

3. Kapitel

Der Hund geht in die Schule

Etliche Tage wanderte der Hund drauflos und blieb für sich. Höchstens, dass er im Vorbeigehen einen freundlichen Gruß erwiderte oder ein paar Worte mit dem Wirt sprach, wenn er wo einkehrte. Wer gerade eine so anstrengende Freundschaft, wie die mit dem Schwein, hinter sich hat, sehnt sich nach Ruhe.

Langweilig war dem Hund trotzdem nicht, denn er redete viel mit sich selbst. Mit zweierlei Stimmen redete er, damit die Selbstgespräche nicht zu eintö-

nig wurden. Mit tiefer Brummstimme stellte er sich Fragen. Mit hoher Bellstimme gab er sich Antworten.

Und er schaute viel. Blumen, Käfer und Schmetterlinge schaute er gern an. Mit dem Hirn fotografieren nannte er das.

Am Abend, wenn er in einem Wirtshausbett lag, ordnete er die Hirnfotos im Kopf. Eine richtige Kopfkartei von A bis Z legte er sich an.

Die Namen aller Blumen, Käfer und Schmetterlinge, die er sah, kannte er leider nicht. Und Bücher, in denen er hätte nachschlagen können, führte er im Reisegepäck nicht mit. So gab er eben allem Unbekannten neue Namen.

Einen Käfer taufte er Tüchtig, einen Frau Meier. Eine Blume nannte er Rudi, eine andere Zuckerschnee. Schmetterlingen gab er die Namen Morgenrot und Ringelstern.

Am liebsten schaute der Hund aber Wolken an. Die legte er in der Kopfkartei unter *Wehmut* und *Lachsack, Windelweich, Lebwohl* und *Ich komm wieder* ab.

Einmal, an einem warmen Nachmittag, lag der Hund lange auf einer Wiese und machte Hirnfotos von weißen Federwölkchen. Er stand erst auf, als die Sonne hinter dem Horizont verschwunden war. Vom langen Liegen war er steif im Kreuz.

„Das wird doch kein Hexenschuss werden?", fragte sich der Hund besorgt.

„Könnte leicht sein", gab er sich zur Antwort. „Wiesen sind immer ein bisschen feucht, und das tut einem alten Hundskreuz nicht gut!"

„Sollte ich mir dann nicht hurtig ein Bett für die Nacht besorgen?", fragte sich der Hund.

„So hurtig wie nur möglich", gab er sich zur Antwort. „Ein steifes Kreuz gehört auf ein weiches Lager!" (Da irrte der Hund zwar gewaltig, denn ein steifes Kreuz gehört hart gebettet, aber in medizinischen Angelegenheiten war der Hund nicht sehr gebildet.)

Der Hund machte sich auf die Suche nach einem Nachtquartier.

Im ersten Gasthof, zu dem er kam, waren alle Zimmer belegt. Im zweiten Gasthof war dem Hund der Zimmerpreis zu hoch. Der dritte Gasthof war wegen Umbau geschlossen.

Stockdunkel war es schon, als der Hund zum vierten Gasthof kam. Erleichtert seufzte er, als er an der Tür ein Zimmer-frei-Schild sah. Doch gerade, als er die Tür aufmachen wollte, kamen ein dicker Mann und eine dicke Frau zur Tür heraus. Der dicke Mann kratzte sich den Bauch, die dicke Frau kratzte sich den Hintern.

„So was von Schweinerei", rief die dicke Frau dem Hund zu.

„Das gehört ja angezeigt", rief der dicke Mann dem Hund zu.

Und dann erzählten die beiden dem Hund, dass die Fremdenzimmer voll von Flöhen und Wanzen seien.

Sie zeigten dem Hund Wanzenbisse und Flohstiche an den Armen und Beinen.

Der Hund bedankte sich für den Hinweis und wanderte weiter. Sein Kreuz wurde immer steifer. Er wickelte sich den Wollschal um den Bauch, weil Wolle wärmt und Wärme gut gegen ein steifes Kreuz ist.

Bis gegen Mitternacht lief der Hund im Mondschein dahin. Und das steife Kreuz machte ihm, trotz Wollschal, immer mehr zu schaffen.

Gähnmüde war der Hund auch schon. Er beschloss, im nächsten Dorf, gleich im ersten Haus – und ganz egal, wer dort wohnte – um ein Nachtlager zu bitten.

„Das ist zwar nicht die feine englische Art", sagte sich der Hund, „aber wenn ich nicht bald in die Heia komme, kippe ich aus den Latschen und kann mein Kreuz auf den Misthaufen werfen!"

Das erste Haus im nächsten Dorf war eine Schule.

Der Hund ging um das Haus herum und leuchtete mit der Taschenlampe in die Fenster. Hinter zwei Fenstern waren Klassenzimmer, hinter einem waren Klomuscheln, hinter einem anderen war ein Schreibtisch mit einem Stuhl dahinter.

Eine Schulwartwohnung, mit einem schlafenden Schulwart im Bett, gab es hinter keinem Fenster.

Aber auf der Hinterseite vom Schulhaus stand ein Flurfenster offen.

„Wenn keine Seele im Haus ist", sprach der Hund zu sich und stieg durch das offene Fenster ins Haus ein, „dann kann ich leider niemanden um Erlaubnis bitten, hier schlafen zu dürfen."

Der Hund entschied, im Zimmer mit dem Schreibtisch zu schlafen, weil das einen weichen Teppichboden hatte.

Er richtete sich das Lager unter dem Schreibtisch. Die Wanderniere nahm er als Kopfkissen, mit dem Schal und dem Mantel deckte er sich zu.

Bevor er einschlief, dachte er: Da es verboten ist, in fremde Häuser einzusteigen, werde ich mich in aller Herrgottsfrühe aus dem Staub machen.

Sonst holen die Lehrer die Polizei, und ich lande im Gefängnis!

Doch dann kam es anders: Der Hund verschlief die Herrgottsfrühe. Er wurde erst munter, als eine Glocke unheimlich laut rasselte. Das war die Schulglocke, die den Unterricht einläutete.

Der Hund erholte sich zuerst einmal von dem Heidenschreck, der ihm beim Glockengerassel in die

Glieder gefahren war, dann schaute er vorsichtig aus seiner Schreibtischhöhle. Er sah, dass die Zimmertür offenstand.

Vor der Tür, auf dem Flur, waren viele Kinder, die einen Bären umringten.

Ein Kind fragte den Bären: „Herr Direktor, kommt heute der neue Lehrer?"

Der Bär sagte: „Man hat es versprochen. Da acht Uhr aber bereits vorbei ist und Lehrer am ersten Arbeitstag selten zu spät kommen, dürfte da wieder einmal etwas schief gelaufen sein!"

Der Hund dachte: Ich verdrücke mich lautlos! Ich klettere zum Fenster hinaus!

Er nahm sein Reisegepäck in die Pfoten und kroch aus der Schreibtischhöhle.

Sein Kreuz war noch immer recht steif. Er wollte auf Pfotenspitzen zum Fenster schleichen. Normalerweise war der Hund ein ausgezeichneter Schleicher. Doch mit einem steifen Kreuz ist schlecht schleichen.

Der Hund schwankte, stieß mit der Reisetasche gegen den Schreibtisch und mit dem Koffer gegen den Stuhl. Das machte allerhand Lärm.

Der Bär drehte sich um, sah den Hund, lief zu ihm und rief: „Ach, da sind Sie ja, Herr Kollege! Willkommen!"

Der hält mich für den neuen Lehrer, dachte der Hund. Aber weil es angenehmer ist, für einen Lehrer gehalten zu werden als für einen Einbrecher, widersprach er nicht.

„Wir sind eine Zwergschule", sagte der Bär.

„Die Kinder sind doch normal groß", sagte der Hund.

„Haha, Sie Witzbold", rief der Bär. Er klatschte dem Hund auf die Schulter. „Ich mag Lehrer mit Witz. Ihr Vorgänger war ein Sauertopf. Darum liegt er jetzt mit der Galle im Spital!"

„Der Arme", murmelte der Hund. Warum ihn der Bär für einen Witzbold hielt, kapierte er nicht.

„Und welche wollen Sie lieber?", fragte der Bär.

„Mir soll's gleich sein", murmelte der Hund, weil er schon wieder nicht wusste, was der Bär meinte.

„Dann nehm' ich die Großen, und Sie nehmen die Kleinen", schlug der Bär vor.

„Mir soll's recht sein", murmelte der Hund und dachte: Ich werd' schon noch merken, welche Kleinen und welche Großen da gemeint sind.

„Der Sauertopf hat nämlich auch die unteren vier Klassen gehabt", erklärte der Bär.

Nun wusste der Hund, wer mit den Kleinen und den Großen gemeint war.

„Wie weit ist denn mein werter Herr Kollege im Lehrplan vorangeschritten gewesen?", fragte der Hund und freute sich mächtig, einen so vornehmen, gebildeten Satz zuwege gebracht zu haben.

Der Bär überlegte. „Nun ja", sagte er. „Die erste Klasse war beim Zählen, die zweite beim Einmaleins, die dritte beim Multiplizieren und die vierte beim Dividieren. Aber das werden die Kinder alles wieder vergessen haben. Seit der Sauertopf krank ist, haben wir nur mehr Lieder gesungen. Ich kann ja nicht acht Klassen auf einmal unterrichten!"

Der Bär führte den Hund in ein Klassenzimmer. Zwanzig Kinder saßen dort hinter den Pulten. Die sehr kleinen in der ersten Pultreihe, die etwas größeren in der zweiten, noch größere in der dritten und ziemlich große in der vierten.

„Das ist der Aushilfslehrer", sagte der Bär zu den Kindern. „Seid nett zu ihm!"

Der Bär winkte den Kindern zu und lief aus der Klasse.

Der Hund starrte die Kinder an. Die Kinder starrten den Hund an.

Der Hund räusperte sich. „Also, ich bin der Hund!", sagte er.

„Ich bin die Anna", sagte ein Mädchen in der ersten Pultreihe.

„Angenehm." Der Hund verbeugte sich vor der Anna.

„Ich bin der Peter", rief ein Bub aus der letzten Pultreihe.

„Angenehm." Der Hund verbeugte sich wieder.

„Gar nicht wahr", riefen zwei Mädchen aus der dritten Pultreihe. „Er heißt Ignaz!"

„Wenn er lieber ein Peter sein mag", sagte der Hund, „soll's mir genauso recht sein!"

„Dann würd' ich auch lieber eine Carmen sein", sagte die Anna.

„O.K., Carmen", sagte der Hund.

Ein Bub in der zweiten Pultreihe hob die Hand.

„Ja, bitte?", fragte der Hund.

Der Bub stand auf. „Wenn ich mir auch einen neuen Namen nehme, welcher Name steht dann im Zeugnis? Der alte oder der neue?"

„Ich mag Zeugnisse nicht", sagte der Hund.

„Gibt es dann heuer gar kein Zeugnis?", fragte der Bub.

„Doch, leider", sagte der Hund. „Aber bis zum Schulschluss ist der Sauertopf wieder da, der macht das."

„Dann muss man bei Ihnen gar nichts lernen?", fragte der Bub.

„Du musst immer lernen", sagte der Hund. „Nichts lernen geht nicht. Wenn du bei mir nichts lernen musst, dann hast du hinterher gelernt, dass es Lehrer gibt, bei denen man nichts lernen muss!"

Der Bub riss erstaunt den Mund auf und glotzte den Hund an.

Dem Hund war das unangenehm. So sagte er schnell, nicht zum Buben, sondern zu allen Kindern: „Wie wär's, wenn ich euch aufzähle, was ihr von mir alles lernen könnt, und ihr sucht euch etwas aus?"

Nun rissen alle Kinder die Münder auf und glotzten den Hund an.

„Oder soll ich besser irgendwas von euch lernen?", fragte der Hund.

Er schaute sich in der Klasse um. Niemand meldete sich.

„Na dann", seufzte der Hund, „machen wir halt dort weiter, wo der Sauertopf aufgehört hat!"

Der Hund konnte natürlich tadellos zählen und malnehmen und teilen. Das Einmaleins konnte er sogar auswendig bis 37 mal 37. Bloß, wie man Kindern die Rechnerei beibringt, wusste er nicht. Und wie er gleichzeitig den einen dies und den anderen jenes erklären sollte, wusste er schon gar nicht.

Zeit gewinnen, dachte sich der Hund und sprach: „Nehmt bitte eure Rechenhefte heraus!" (Das hatte seinerzeit sein Lehrer immer gesagt. Daran, fand der Hund, konnte nicht viel falsch sein.)

Doch die Kinder hatten keine Hefte mitgebracht. Nur die Singbücher hatten sie mitgenommen, weil sie in den letzten Wochen beim Bären immer gesungen hatten.

Dem Hund fiel ein, dass sein jüngster Sohn gern mit Kugeln gerechnet hatte. Und dass Kirschen wie Kugeln aussehen und dass gerade Kirschenzeit war, fiel dem Hund auch ein.

„Gibt's hier wo ein Gemüsegeschäft?", fragte der Hund.

„Am anderen Ende vom Ort", sagte die Carmen-Anna.

„Dorthin gehen wir jetzt", sagte der Hund.

Er fragte erst gar nicht nach, ob die Kinder das wollten, denn er dachte sich: Die reißen ja ohnehin nur die Mäuler auf und glotzen, wenn man sie nach ihren Wünschen fragt!

Der Bub, der sich für das Zeugnis interessiert hatte, fragte: „Zu welchem Unterrichtsfach gehört In-das-Gemüsegeschäft-Gehen?"

Der Hund antwortete: „Das Hingehen ist Verkehrserziehung, das Einkaufen Konsumverhalten und das Heimgehen ist Turnen, weil wir auf einem Bein hüpfen werden!"

Der Hund ging mit den Kindern durch das Dorf. Viel Verkehrserziehung konnte er nicht betreiben, weil im Dorf kein Verkehr war. Bloß ein Traktor kam ihnen entgegen, und der fuhr in der Straßenmitte.

Da erklärte der Hund den Kindern, dass der Traktorfahrer ein Blödhammel sei. Und dem Traktorfahrer schrie er zu: „Rechts halten, du Dolm!"

Bevor der Hund mit den Kindern ins Gemüsegeschäft ging, führte er sie in die Sparkasse und ließ zwei Zehn-Euro-Scheine auf 50-Cent-Münzen wechseln.

„Wie viele Münzen kriegen wir da?", fragte er die Kinder.

„Vierzig", sagte ein Bub aus der vierten Klasse.

„Und wie viele Kinder seid ihr?", fragte der Hund ein Mädchen aus der ersten Klasse.

„Weiß ich nicht", sagte das Mädchen.

„Zähl halt nach", riet der Hund.

Das Mädchen zählte nach. Von eins bis zwanzig zählte es.

„Und wie viele Münzen kriegt jeder, wenn wir 40 haben und 20 sind?" fragte der Hund.

„Zwei mal zwanzig ist vierzig", rief ein Bub aus der dritten Klasse.

Der Hund nickte und gab jedem Kind zwei 50 Cent-Münzen.

Dann gingen sie in den Gemüseladen. Dort gab es gelbe, hellrote und dunkelrote Kirschen.

Der Hund hielt einen Vortrag über Kirschen. Über süße und saure, faulige und wurmige, mit Chemie gespritzte und biologisch reine.

Der Gemüsefrau gefiel das nicht. „Wollen Sie meine Ware schlecht machen?", fragte sie misstrauisch.

Und als der Hund die Kinder bat, von jeder Kirschensorte zu kosten, um sich für eine entscheiden zu können, wurde die Gemüsefrau stocksauer.

„Auf solche Kundschaft kann ich mit Handkuss verzichten", rief sie.

„Werte gnädige Frau", sagte der Hund zur Gemüsefrau. „Wir sind keine Kundschaft, wir halten hier eine Schulstunde ab."

„Eine Schulstunde bei mir?", staunte die Gemüsefrau.

„Natürlich", sagte der Hund. „Gemüse gehört zum Leben! Das ist wichtig für die Kinder!"

Da sagte die Gemüsefrau nichts mehr. Brav wog sie jedem Kind ein Viertelkilo Kirschen ab, nahm 50 Cent-Münzen und gab einzelne Cents zurück.

Sie murrte nicht einmal, als der Hund zu den Kindern sagte: „Und zählt das Wechselgeld nach, denn Kinder werden gern beschissen!"

Dann hüpften der Hund und die Kinder auf einem Bein, abwechselnd 13 Sprünge auf dem rechten und 13 auf dem linken, zur Schule zurück.

Weil die Sonne schien, blieb der Hund mit den Kindern im Schulhof und lehrte sie Kirschkernspucken.

Sieger im Weitspucken wurde der Tarzan-Gottlieb aus der vierten Klasse. Er schaffte eine Weite von 12 Metern, 17 Zentimetern und 3 Millimetern.

Leider waren nach dem Wettkampf alle Kirschen

verbraucht. Für eine Rechenstunde war keine einzige mehr übrig.

Ach was, dachte sich der Hund, die Kinder haben in der Sparkasse Geld gezählt und Kinder gezählt, 50 Cent durch Kinder geteilt und Kinder mal Münzen genommen! Sie haben im Gemüseladen das Wechselgeld kontrolliert, beim Spucken die Weiten auf den Millimeter genau genommen und beim Heimhüpfen die 13er-Reihe wiederholt. Das ist genug Rechnerei für einen Tag!

„Schluss für heute", sagte der Hund zu den Kindern.

Die Kinder liefen heim, und der Hund sammelte die Kirschkerne auf, was ihm im Kreuz, das noch immer ein bisschen steif war, ziemlich weh tat. Aber dass Kinder nicht gern aufräumen, wusste der Hund. Und dass Kinder keine Leute mögen, die sie zum Aufräumen zwingen, wusste der Hund auch.

Und irgendwie – er wusste nicht genau warum – wollte er, dass ihn die Kinder in guter Erinnerung behielten.

Der Hund verließ die Schule. Am Hauptplatz entdeckte er einen hübschen Gasthof. Er mietete sich ein Zimmer und legte sich ins Bett. Wegen dem Kreuz.

Das wollte er bis morgen Früh ganz auskurieren, um dann flott weiterwandern zu können.

Am nächsten Morgen war das Kreuz vom Hund wieder tadellos in Ordnung. Und einen Riesenhunger hatte der Hund. Er ging in die Wirtsstube hinunter und bestellte sich beim Wirt ein Frühstück mit Speckeiern und Käse und Kaffee und Himbeermarmelade.

Der Hund mampfte sein Frühstück voll Behagen. Die Wanderkarte hatte er dabei auf dem Tisch liegen. Er überlegte, wohin er gehen sollte.

Er entschloss sich, nach Süden zu gehen, weil da auf der Karte, in einem Tagesmarsch Entfernung, ein großer See eingezeichnet war.

An großen Gewässern, dachte der Hund, tut sich immer allerhand, da könnte man mich brauchen. Als Rundfahrthund. Oder als Rettungsschwimmhund.

Als der Hund von der Wanderkarte hochschaute, standen die Carmen-Anna aus der ersten Pultreihe und die Lolita-Eva aus der dritten Pultreihe vor ihm.

„Wie kommt denn ihr hierher?", fragte der Hund erschrocken.

„Wir sind die Töchter vom Wirt", sagte die Carmen-Anna, und die Lolita-Eva sagte:

„Wir müssen los, Herr Lehrer, es ist gleich acht Uhr!"

„Lauft voraus", sagte der Hund.

Er wurde rot im Gesicht, weil er sich für die Lüge schämte. Aber das konnte man nicht sehen, da er im Gesicht behaart war.

„Bevor Sie in der Schule sind", sagte die Carmen-Anna, „versäumen wir sowieso nichts!"

„Ich hol' euch ein", sagte der Hund. „Ich lauf schneller!"

„Garantiert nicht", sagte die Lolita-Eva. „Wir sind die schnellsten Renner der Gegend. Uns holt keiner ein!"

Und der Wirt rief vom Ausschank her: „Ehrlich! Nichts gegen Ihre Laufgeschwindigkeit, Herr Lehrer. Aber meine Töchter sind Ihnen überlegen!"

Der Hund merkte: Da gibt es kein Entrinnen! Er wischte sich das Maul und stand auf.

Muss ich eben noch einen Schultag zulegen, dachte er. Besser für vier Stunden Lehrer als für vier Monate im Arrest! (Der Hund hatte sich ja jetzt schon doppelt strafbar gemacht. Nicht nur, dass er in die Schule eingestiegen war, er hatte sich auch als Lehrer ausgegeben. Amtsanmaßung, schätzte der Hund, hieß dieses Vergehen.)

Der Hund lief mit den Wirtstöchtern zur Schule.

Obwohl er einen rasanten Endspurt einlegte, kamen die Carmen-Anna und Lolita-Eva mit drei Hundslängen Vorsprung beim Schultor an.

Dort stand der Bär und wedelte mit einem Brief.

„Kollege, schaun Sie sich das an", rief der Bär. „Die Schulbehörde ist irr und wirr!"

Er hielt dem Hund den Brief unter die Schnauze. Der Hund las:

„... *können wir Ihnen leider erst in drei Wochen einen Aushilfslehrer schicken ...*"

„Da weiß ja eine Abteilung nicht, was die andere tut", rief der Bär. „Die schicken einen Lehrer und schreiben gleichzeitig, dass sie keinen schicken können!"

Der Hund war froh, dass die Schulglocke zu rasseln anfing. So konnte er in seine Klasse gehen und brauchte nicht weiter mit dem Bären über den Brief reden.

„Heute", sagte der Hund zu den Kindern, „machen wir einen Aufsatz. Die, die schreiben können, schreiben ihn, wer noch nicht schreiben kann, erzählt ihn mir!"

„Über welches Thema?", fragte die Desiree-Rosa.

„Na, über irgendwas Supertolles", sagte der Hund. „Was habt ihr denn in letzter Zeit an Supertollem erlebt?"

Die Carmen-Anna rief: „Heute Früh, das Wettrennen!"

Der Peter-Ignaz rief: „Gestern Vormittag, das Kirschenkaufen!"

„Und sonst?" Der Hund war ein bisschen enttäuscht.

Die Kinder sagten, sonst hätten sie leider noch nichts Supertolles erlebt.

Ihr Leben sei eher langweilig. Da passiere nicht viel.

Der Hund dachte nach.

„Dann müssen wir", meinte er, „zuerst einmal etwas

Supertolles erleben, damit
wir hinterher darüber einen
Aufsatz machen können.
Was wäre denn supertoll?"

„Ein Flug zum Mond!",
rief ein Bub.

„Die nehmen uns leider
nicht mit", sagte der Hund.

„Wir fangen einen Bankräuber", rief ein Kind.

„So schnell finden wir
keinen", sagte der Hund.

„Wir suchen einen
Schatz", rief ein Kind.

„Wo?", fragte der Hund.

„Keine Ahnung", sagte das Kind.

„Ich leider auch nicht", sagte der Hund.

„Wir treffen ein Gespenst", rief ein Kind.

„Ja, ja", riefen alle Kinder. „Ein Gespenst ist supertoll!"

„Gut", sagte der Hund. „Treffen wir ein Gespenst. Zufällig wohnt eines im Schulkeller!"

Der Hund führte die Kinder aus der Klasse. Auf Zehenspitzen schlichen sie in den Keller hinunter.

Als alle Kinder im Keller unten waren, drehte der Hund das Licht aus, weil ein Gespenst nur im Stockdunklen mit sich reden lässt.

„Wertes Gespenst, entschuldigen Sie die Störung Ihrer Tagesruhe", brummte der Hund ins Stockdunkle hinein.

Dann winselte er leise.

Dann brummte er: „Meine Schüler möchten Sie kennen lernen!"

Dann winselte er wieder.

Dann brummte er: „Also, wenn Sie bloß winseln, verstehen wir Sie nicht!"

„Pardon", sagte der Hund mit hoher Winselstimme, „vor lauter Einsamkeit bin ich ans Reden nicht mehr gewohnt!"

Der Hund brummte: „Warum bleiben Sie im Keller, kommen Sie zu uns rauf, da haben Sie Gesellschaft!"

Der Hund winselte: „Ein Gespenst darf nicht ans Licht!"

Der Hund brummte: „Was für ein Gespenst sind Sie eigentlich?"

Der Hund winselte: „Das hab' ich leider vergessen!"

Der Hund brummte: „Könnten wir Sie vielleicht erlösen?"

Der Hund winselte: „Ja doch, das wär' fein!"

Der Hund brummte: „Was müssen wir da tun?"

Der Hund winselte: „Das habe ich leider auch vergessen!"

Die Kinder lauschten mit angehaltenem Atem, aber dem Hund wurde sein Zwiegespräch schön langsam langweilig.

So brummte er: „Na schön! Wenn Sie alles vergessen haben, dann können wir Ihnen eben nicht helfen, dann gehen wir wieder hinauf! Guten Tag!"

Die Kinder protestierten. Das Gespenst tat ihnen leid. Sie wollten es unbedingt erlösen.

Wie, fragte sich der Hund, erlöst man ein Gespenst, das es gar nicht gibt.

Während er das überlegte, summte ihm eine fette Schmeißfliege, die sich in den Keller verirrt hatte, um die Schlappohren. Der Hund, ein versierter Fliegenfänger, grapschte sich die lästige Fliege vom Ohr.

Als er die Fliege in der Faust hielt, bekam er einen Einfall.

„Gespenst", brummte er. „Erlösen können wir dich nicht, weil du Dolm keine Ahnung mehr hast, welcher Fluch auf dir lastet. Aber wir werden dich verwandeln. In eine fette Fliege. Dergestalt musst du das Tageslicht nicht mehr scheuen und kannst auf ewig in der weiten Welt herumfliegen. Willst du das?"

„Das wäre supertoll", winselte der Hund.

„Dann wollen wir den Verwandlungsspruch aufsagen", brummte der Hund und sprach den Kindern vor:

„Arme Gespenster besiegen

als fette Fliegen

Finsterqual und Kellernot,

sumsen heiter ins Abendrot,

sind nicht traurig, nicht allein,

dürfen sich des Lebens freun!"

Die Kinder sagten dem Hund Zeile für Zeile nach, der Hund stieß einen „erlösten" Winsler aus und knipste das Kellerlicht wieder an.

„Wo ist die Fliege?", riefen die Kinder.

Der Hund zeigte ihnen seine rechte Vorderfaust.

Die Kinder legten ein Ohr an die Faust, sie hörten die Fliege summen und surren und waren glücklich darüber.

Der Hund ging mit den Kindern in die Klasse zurück.

Er stellte sich zum Lehrertisch und öffnete die Faust. Die fette Fliege flog hoch, drehte drei Runden um die Deckenlampe und sauste zum Fenster hinaus.

„Supertoll!", riefen die Kinder.

Die Großen setzten sich hin und schrieben einen Aufsatz mit dem Titel: *Wie wir aus dem Gespenst eine Fliege machten.*

Die Kleinen hockten sich um den Hund herum und erzählten ihm die Geschichte *Vom Fliegengespenst.*

Zehn Kinder erzählten dem Hund die Geschichte und alle zehn schworen Stein und Bein, das Gespenst gesehen zu haben. Riesengroß sei es gewesen, sagten sie, und unheimlich dick. Und geschwabbelt habe es wie Zitronenpudding.

Eigentlich wollte sich der Hund gleich zu Mittag, nach der Schule, aus dem Staub machen. Doch weil er den Kindern versprochen hatte, die Aufsätze zu lesen und unter jeden Aufsatz einen großen roten

Einser zu schreiben, ging der Hund noch schnell in den Gasthof zurück, borgte sich vom Wirt einen roten Kugelschreiber, setzte sich in sein Zimmer und las die Aufsätze und malte die Einser.

Fehler verbesserte er nicht, denn er dachte sich: Ich werde doch nicht die schönen Aufsätze mit lauter roten Kraxeln verpatzen!

Dann schrieb der Hund noch einen Brief an die Kinder. Er schrieb:

Liebe Schüler, so liebe Schüler wie euch habe ich noch nie gehabt und werde ich auch sicher nie mehr bekommen. Leider muss ich euch schon heute verlassen ...

Als der Hund mit dem Brief so weit gekommen war, legte er den Kugelschreiber weg, sagte zu sich: „Kinder belügt man in wichtigen Angelegenheiten nicht", zerknüllte den Brief und schrieb einen neuen.
Er schrieb:

Liebe Schüler, ich bin gar kein Lehrer. Ich bin nur ein gewöhnlicher Wanderhund. Nehmt es mir bitte nicht übel. Es war sehr nett bei euch.
Euer Hund, der euch nie vergessen wird.

Der Hund lief in die Wirtsstube, um sich vom Wirt ein Kuvert für den Brief zu holen. Aber der Wirt hatte kein Kuvert.
So lief der Hund ins Kaufhaus.
Die Verkäuferin dort schenkte dem Hund das Kuvert. Sie sagte: „Mein Sohn, der Ignaz, geht zu Ihnen in die Klasse. Er hat mir erzählt, dass Sie ein ganz supertoller Lehrer sind!"

Als der Hund mit dem Briefkuvert in sein Zimmer zurückkam, saßen die Carmen-Anna und die Lolita-Eva auf seinem Bett. Sie schauten traurig.

„Wir wollten dir Blumen bringen", sagte die Carmen-Anna.

„Damit du es gemütlich hast", sagte die Lolita-Eva.

„Und da haben wir den Brief gelesen", sagte die Carmen-Anna.

„Weil er ja auch an uns geschrieben ist", sagte die Lolita-Eva.

Der Hund senkte den Kopf und starrte seine Hinterpfotenspitzen an. Er schämte sich schrecklich.

„Uns stört es nicht, dass du kein gelernter Lehrer bist", sagte die Carmen-Anna.

„Und den anderen Kindern ist es sicher auch wurscht", sagte die Lolita-Eva.

„Wir haben dich nämlich sehr, sehr lieb", sagte die Carmen-Anna.

Der Hund war gerührt. Er holte sein Taschentuch aus der Wanderniere und schnäuzte sich.

„Bleib wenigstens noch eine Woche bei uns", bat die Lolita-Eva.

„Wenigstens morgen noch!", bat die Carmen-Anna.

„O.K.", brummte der Hund, wischte sich zwei

Tränen der Rührung aus den Augen und steckte das Taschentuch in die Wanderniere zurück. „Aber wirklich nur morgen noch!"

Leuten, die ihn lieb hatten, konnte der Hund einfach keine Bitte abschlagen.

Der Hund blieb noch zehn Tage Lehrer, weil ihn die Kinder jeden Tag baten, noch einen Tag – einen einzigen Tag – hinzuzulegen.

Alle Kinder in seiner Klasse wussten, dass er kein richtiger Lehrer war. Die Carmen-Anna und die Lolita-Eva hatten es ihnen erzählt, und sie hatten geschworen, niemandem davon zu erzählen.

Die Kinder hielten den Schwur und hatten es mit dem Hund sehr schön.

Fast jeden Tag machten sie einen Lehrausflug.

Einmal gingen sie in die Bäckerei und lernten Brot und Kipferln backen.

Einmal gingen sie in die Gärtnerei und lernten Blumen umtopfen.

In die Schneiderei, zum Schuster und auf einen Bauernhof gingen sie auch.

Einmal setzten sie im Schulhof Bäume. Für jedes Kind einen Baum.

Einmal malten sie mit dicken Pinseln die hässlichen

grauen Mauern vom Schulhaus himmelblau an.

Lieder pfeifen lehrte der Hund die Kinder auch!

Aber er vergaß auch nicht das Rechnen und Schreiben und Lesen.

Wenn man ausrechnen muss, wie viel Malfarbe man für ein ganzes Schulhaus braucht und wie viel Sauerteig auf dreizehn Kilo Roggenmehl kommt und wie viel Stoff man für sieben Hosen braucht, kommt man am Rechnen einfach nicht vorbei.

Und da die Kinder immer aufschrieben, was sie erlebt hatten, kam auch das Schreiben nicht zu kurz. Und jeden Abend setzte sich der Hund hin und schrieb eine Geschichte aus seinem Leben auf. Die lasen die Kinder dann am nächsten Tag.

Am zwölften Schultag vom Hund regnete es in Strömen. Darum machte der Hund mit den Kindern keinen Lehrausflug. Er blieb mit ihnen in der Klasse und erzählte ihnen ein bisschen von seiner Kopfkartei und von all den Wolken, die er darin gesammelt hatte.

Die Kinder und der Hund standen bei den Klassenfenstern, während der Hund erzählte, weil die Kinder auch Wolken mit dem Hirn fotografieren wollten. Leider war der Himmel aber einfarbig dunkelgrau, und nirgendwo war eine einzelne Wolke zu sehen.

Leider war etwas ganz anderes zu sehen:

Ein Auto kam zur Schule gefahren. Das Auto hielt vor der Schule. Ein Mann sprang aus dem Auto, spannte einen Regenschirm auf und lief auf das Schultor zu. Der Mann war lang und dürr und, seinem Gesicht nach, ein Halbesel. Oder ein Halbmensch. Je nachdem, wie man die Sache betrachtete.

Der Hund sagte leise zu den Kindern: „Vielleicht ist das ein Vater, der nachfragen kommt!"

Die Kinder schüttelten die Köpfe. Sie kannten die Väter ihrer Mitschüler. Auch die von den Kindern der anderen Klasse.

„Der ist nicht von hier", sagten sie.

Dann standen die Kinder und der Hund ganz still. Sie waren so still, dass sie das Schultor quietschen hörten, als der Mann die Schule betrat.

Sie hörten seine Schritte über den Flur quietschen, hörten ihn die Tür zur Direktion aufmachen und rufen: „Wo ist denn der Direktor?"

„Ich komme ja schon! Wo brennt's denn?", hörten sie die Stimme vom Bären, und dann kamen seine Tap-tap-Schritte aus der Nachbarklasse.

Der Bär lief in die Direktion. Die Kinder und der Hund hielten den Atem an. Leise schlichen sie zur Tafelwand. Dahinter war die Direktion. Und die Tafelwand war bloß eine dünne Gipsmauer.

Als ob sie einem Radiohörspiel lauschten, hörten sie, was nebenan gesprochen wurde.

„Sie wünschen, bitte?", fragte der Bär.

„Ich komme von der Schulbehörde", sagte der Mann.

„Freut mich sehr", sagte der Bär.

„Wir haben da", sagte der Mann, „einen Brief des hiesigen Elternvereins erhalten. Er will, dass der neue Lehrer hierorts fest angestellt wird, statt des erkrankten Kollegen!"

„Ja doch", sagte der Bär. „Da steh' ich voll dahinter. Die Kinder haben ihn sehr lieb. Der Kollege ist nämlich einsame Spitze!"

„Wir haben Ihnen aber gar keinen neuen Lehrer geschickt", sagte der Mann.

Der Bär lachte dröhnend los.

„Sie sind mir vielleicht ein Klugscheißer", rief er. „Seit zwei Wochen ist der neue Lehrer bei uns. Glauben Sie vielleicht, dass im Nebenzimmer eine Fata Morgana steht?"

„Falls dort irgendwer steht", rief der Mann, „dann ist das ein Schwindler! Laut Brief des Elternvereins ist der neue Lehrer überdies ein Hund. Wir haben jedoch im ganzen Schulbezirk keinen einzigen Hund als Lehrer angestellt!"

„Da legst dich nieder!", staunte der Bär.

„Sie haben", rief der Mann, „die Schüler einem Scharlatan anvertraut! Das Hundssubjekt wird eingelocht! Die Polizei ist schon verständigt! Und für Sie wird das auch Folgen haben!"

„Kinder, ich muss weg", flüsterte der Hund den Kindern zu, als er dies erlauscht hatte.

„Aber nicht zum Tor raus", flüsterte die Carmen-Anna. „Denn vielleicht steht dort schon die Polizei!"

„Ich geh' durchs Fenster", flüsterte der Hund.

„Nur ja nicht!" Der Ignaz-Peter hielt den Hund am Schwanz zurück. „Da sieht man dich vom Direktionsfenster aus!"

„Wir müssen dich verstecken", sagte die Lolita-Eva.

In der Klasse war bloß der Schrank, der als Versteck groß genug für den Hund war.

Im Schrank, in den Fächern, lagen Malfarben und Hefte, Tafelkreide und Landkarten, Kleisterdosen und Buntpapier und Radiergummis und Buntstifte.

Der Hund wollte nicht in den Schrank. Er fand es unwürdig, sich vor dem Halbesel zu verstecken. Weil er aber vor lauter Angst hinteres Knieschlottern hatte, schafften es die Kinder trotzdem, ihn zum Schrank zu ziehen.

Ein Kind machte die Schranktür auf, zwei Kinder hoben das unterste Fachbrett hoch, drei Kinder schubsten den Hund in den Schrank, vier Kinder drückten die Schranktür zu, der Peter-Ignaz sperrte den Schrank ab und steckte den Schlüssel in die Hosentasche und rief:

„Jetzt alles auf die Plätze!"

Kaum saßen alle Kinder hinter den Pulten, kam der Behördenmann mit dem Bären in die Klasse.

„Wo ist der Hund?", fragte der Behördenmann.

Die Carmen-Anna stand auf. Sie machte ein Unschuldsengelsgesicht.

Sie sagte: „Bitte, der Herr Lehrer ist wie der geölte Blitz zur Tür raus!"

„Aufs Klo, glaub' ich!" Der Ignaz-Peter zeigte Richtung Klo.

„Wahrscheinlich hat er Bauchweh!"

Der Behördenmann sauste aus der Klasse, dem Klo zu.

Als er innen sah, dass das Klofenster offen stand, schwang er sich durch das offene Fenster und brüllte: „Mir nach! Weit kann er noch nicht gekommen sein!"

Hinter der Schule war eine große Wiese, und hinter der Wiese begann ein Wald. Am Ende der Wiese, dort wo der Wald anfing, stand jemand.

„Herr Direktor, so kommen Sie doch schon!",

brüllte der Behördenmann.

Der Bär marschierte ins Klo. Die Kinder drängten hinter ihm her.

Der Bär schaute zum Klofenster hinaus. „Stehe zu Diensten", sagte er freundlich zum Behördenmann.

„Stehen Sie nicht, rennen Sie lieber", brüllte der Behördenmann. Er zeigte zum Waldrand hin. „Ist der dort der Hund?"

Der Bär kniff die Augen zusammen, um besser sehen zu können. Die Gestalt am Waldesrand hatte einen blitzblauen Hut auf dem Kopf. So einen blitzblauen Hut, das wusste jeder im Dorf, trug nur der alte Widder, der vom Pilzesuchen lebte.

„Der Regen verschleiert mir zwar die gute Sicht", sagte der Bär, „aber ich denke, das könnte sehr wohl der Hund sein!"

„Was zaudern Sie dann noch?", brüllte der Behördenmann.

Er spannte seinen Regenschirm auf und rannte los. Über die Wiese, dem blitzblauen Hut zu.

Der Bär seufzte und kletterte aufs Fensterbrett.

„Werd' ich halt auch ein bisschen Sport betreiben", murmelte er.

Bevor er aus dem Fenster stieg, sagte er zu den Kindern: „Und ihr geht in die Klasse zurück und räumt euren Schrank aus, verstanden?"

„Verstanden!", riefen die Kinder und wieselten in die Klasse.

Der Peter-Ignaz wollte den Schrank aufsperren, doch der Schlüssel war nicht mehr in seiner Hosentasche. Die Hosentasche hatte ein Loch. Der Schlüssel musste durch das Loch gefallen sein.

Die Kinder suchten verzweifelt den Fußboden ab. Den in der Klasse, den auf dem Flur und den im Klo. Aber weil sie so schrecklich aufgeregt waren und sich auch beim Suchen gegenseitig im Wege standen, fanden sie den Schlüssel nicht.

„Das bringt nichts", rief die Lolita-Eva, „wir müssen den ganzen Schrank wegtragen!"

Vorsichtig kippten die Kinder den Schrank. Sieben Kinder packten ihn an der rechten Seite, sieben an der linken. Drei packten die Fußleiste, drei die obere Schrankkante.

Der Schrank war ziemlich schwer, aber zwanzig Kinder haben zusammen allerhand Kraft, wenn sie etwas unbedingt schaffen wollen.

Die Kinder schleppten den Schrank aus der Schule.

„Und wohin jetzt?", keuchte der Peter-Ignaz.

„Zu uns heim", keuchten die Carmen-Anna und die Lolita-Eva. „Da ist er in Sicherheit!"

Sie schleppten den Schrank durch den dichten Regen zum Gasthof.

Die paar Leute, die ihnen entgegenkamen, wunderten sich nicht, die dachten bloß: Ach, da findet wieder ein Lehrausflug statt!

Waschelnass waren die Kinder, als sie den Schrank in der Wirtsstube abstellten.

„Was bringt ihr denn da?", fragte der Wirt.

Die Carmen-Anna flüsterte dem Wirt ins rechte Ohr: „Den Hund! Er ist kein echter Lehrer!"

Die Lolita-Eva flüsterte dem Wirt ins linke Ohr: „Die Behörde ist hinter ihm her!"

Der Wirt nickte. „Ach so", sagte er laut. „Den Schrank schenkt ihr mir! Für den alten Kram im Schuppen! Das ist lieb von euch, Kinder! Dann tragt ihn auch gleich in den Schuppen! Ich zeig' euch den Weg!"

Der Wirt ging mit den Kindern in den Schuppen. Die Kinder stellten den Schrank wieder auf. Der Wirt nahm ein Stemmeisen und brach die Schranktür auf.

Hundserbärmlich schaute der Hund aus! Rotgelb-blau gefleckt war sein Fell und total mit Kleister eingesaut. Die Farbtiegel und die Kleistertöpfe waren beim Transport kaputt gegangen.

Ächzend kletterte der Hund aus dem Schrank.

An seinen Pfoten klebten Löschblätter, sein Schwanz war mit Kreidestücken gespickt, von seinen Ohren flatterten Landkartenfetzen, aus seinem Bauchfell baumelten Buntstifte, und um die Nase herum hatte er – wie Warzen – lauter Radiergummis.

„Unter die Dusche mit ihm", rief der Wirt. „Sonst verhärtet sich das Zeug noch!"

Und zu den Kindern sagte er: „Zurück in die Schule mit euch, aber dalli-dalli!"

Die Kinder wollten beim Hund bleiben. Sie wollten

ihn waschen und föhnen und trösten.

Doch der Wirt jagte sie aus dem Haus.

„Seid keine Idioten", sagte er. „Wenn der Behördenmann merkt, dass ihr hier seid, ist ihm doch gleich klar, dass der Hund nicht weit sein kann!"

Das sahen die Kinder ein. Sie liefen brav zur Schule zurück und hockten wieder sittsam hinter ihren Pulten, bevor der Bär und der Behördenmann aus dem Wald zurück waren.

Der Wirt duschte den Hund sauber. Die Wirtin föhnte ihn trocken. Der Wirt wickelte den Hund in ein Badetuch. Die Wirtin wusch seine Klamotten. Der Wirt brachte dem Hund ein belegtes Brot.

Die Wirtin brachte ihm einen Teller heiße Suppe.

Der Wirt sagte: „Tut mir leid für Sie! Wir mögen Sie alle hier!"

Der Hund fragte schüchtern: „Und Sie sind mir gar nicht gram, dass ich kein gelernter Lehrer bin?"

Die Wirtin sagte: „Ach was! Auf gelernt kommt es nicht immer an! Sie sind eben ein Naturtalent!"

„Aber davon verstehen Behörden ja nichts", sagte der Wirt.

Dann brachten die Wirtsleute den Hund in ihr Schlafzimmer.

Der Hund war von all der Aufregung sehr müde. Er legte sich ins Ehebett, ließ sich zudecken und schlief ein.

Gegen Mittag kam der Polizist ins Gasthaus.

„Es ist wegen dem Lehrer", sagte er seufzend. „Wegen dem, den unsere Kinder so gern haben!"

„Was ist mit ihm?", fragte der Wirt.

„Gegen ihn liegt ein Haftbefehl vor", sagte der Polizist. „Ich muss alle Häuser im Dorf nach ihm absuchen!"

„Unser Haus auch?", fragte die Wirtin.

„Natürlich", sagte der Polizist. „Ich gehe dabei systematisch vor. Ich fange bei Hausnummer eins an. Pro Haus werde ich garantiert fünfzehn Minuten brauchen!"

Der Polizist zwinkerte dem Wirt und der Wirtin zu und verließ die Wirtsstube.

„Da wir Hausnummer 24 haben ...", sagte der Wirt zu seiner Frau, „... kann der Hund noch lange schlafen", sagte die Wirtin zu ihrem Mann.

Am späten Nachmittag fuhr ein Traktor aus dem Hof vom Wirtshaus. Auf dem Traktor saß der Wirt. Auf dem Anhänger, oben auf einem riesigen Heuhaufen,

saßen die Carmen-Anna und die Lolita-Eva.

Gerade als der Polizist durch die Vordertür das Wirtshaus betrat, fuhr der Traktor zum hinteren Tor hinaus.

Bis weit vor das Dorf fuhr der Traktor. Bei einem Güterweg machte er Halt.

Der Hund – samt Borsalino, Reisetasche, Koffer, Wanderniere und Schal – kroch aus dem Heu.

Er rief dem Wirt „besten Dank" zu, warf den Wirtstöchtern eine Kusshand zu und bog in den Güterweg ein.

Der Traktor machte kehrt, die Carmen-Anna und Lolita-Eva oben auf dem Heuhaufen weinten bitterlich hinter dem Hund her.

Der Hund marschierte den Güterweg entlang. Ihm war auch nach Tränen zumute. Ganz einsam und verlassen kam er sich vor.

Er versuchte ein Lied zu pfeifen, um sich ein wenig aufzuheitern, aber jeder Pfiff wurde ein Schluchzer.

Plötzlich war hinter dem Hund Motorenlärm.

Ein Auto kam gefahren.

Der Hund drehte sich nicht um.

Er war sich ganz sicher: Das ist der Polizist! Jetzt werde ich verhaftet!

Der Hund versuchte gar nicht, sich im Gebüsch am Wegrand zu verstecken. Er stellte sein Gepäck ab, hob die Vorderpfoten und wartete auf die Verhaftung.

Das Auto hupte, brauste auf den Hund zu und blieb neben dem Hund stehen.

„Steigen Sie ein", rief der Bär zum Wagenfenster hinaus.

Der Hund tat sein Gepäck in den Kofferraum und setzte sich neben den Bären.

Der Bär gab Gas und fuhr weiter.

Der Hund dachte, der Bär wolle bloß eine geeignete Stelle zum Wenden suchen. Als sie aber bereits an einem Dutzend Stellen vorbeigefahren waren, die zum Wagenwenden tadellos geeignet gewesen wären, dämmerte dem Hund, dass ihn der Bär gar nicht ins Dorf, zur Polizei, zurückbringen wollte. Aber zu fragen, wohin der Bär mit ihm fuhr, wagte er nicht.

Der Bär fuhr drauflos, bis der Güterweg bei einer kleinen Waldlichtung aufhörte. Er stieg aus dem Wagen und holte ein riesiges Bündel aus dem Kofferraum.

Das Bündel war ein Zelt.

Der Bär begann das Zelt aufzustellen.

Er sagte vergnügt: „Hier bleiben wir, bis Gras über die Sache gewachsen ist! Dann ziehen wir weiter. Sind Sie einverstanden, werter Hund?"

„Wir?", fragte der Hund.

„Natürlich nur, wenn Sie nichts gegen meine Begleitung einzuwenden haben", sagte der Bär.

„Aber Sie müssen doch in die Schule zurück", sagte der Hund.

Der Bär schüttelte den Schädel.

„Man hat mich vorübergehend vom Dienst suspendiert", sagte er. „Wegen Kurzsichtigkeit. Weil ich einen Widder nicht von einem Hund unterscheiden kann. Und wegen Schlampigkeit. Weil ich nicht weiß, wohin der Klassenschrank gekommen ist. Das muss alles erst geklärt werden. Und die Behörden klären langsam. Und in einem halben Jahr wär' ich ohnehin in Pension gegangen. Und das Leben ist zu schade, um es im Lehnstuhl zu versitzen, bis ein paar Halbaffen irgendeinen Unfug geklärt haben!"

„Ganz meine Ansicht", sagte der Hund und half dem Bären beim Zeltaufstellen.

Der Bär stimmte ein fröhliches Lied an, und der Hund pfiff dazu die zweite Stimme, ohne einen einzigen Schluchzer pfiff er.

LESERÄTSEL vom Hund in der Schule

Du hast jetzt das ganze Buch gelesen und kannst sicher die Lücken in diesen 6 Sätzen ausfüllen. Setze die Antworten in die richtigen Zeilen des Kreuzworträtsels ein:

1. Der Hund hat den schwarzen …
2. Der Ignaz möchte lieber …
3. Das Schwein möchte zum …
4. Der Schuldirektor ist ein …
5. Die kleinen Kinder erzählen eine Geschichte über ein …
6. Die Kinder verstecken den Hund im …

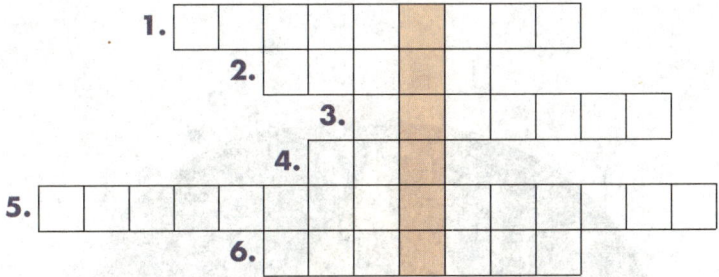

Im senkrechten roten Balken steht das Lösungswort:

Lösungswörter: 1. BORSALINO, 2. PETER, 3. THEATER, 4. BÄR, 5. FLIEGENGESPENST, 6. SCHRANK

Wollt ihr wissen, wie die Geschichte weitergeht? Christine Nöstlinger hat die Erlebnisse vom Hund in einem großen Buch aufgeschrieben:

__„Der Hund kommt"__ im Beltz Verlag, Programm Beltz & Gelberg, Weinheim.

Dieses Buch wurde mit dem __Österreichischen Staatspreis__ für Kinderliteratur ausgezeichnet.